AF345458

EMBRUJO DE AMOR

ExLibric

ENRIQUE G. ESPÍNOLA SUÁREZ

EMBRUJO DE AMOR

EXLIBRIC

ANTEQUERA 2023

ENRIQUE G. ESPÍNOLA SUÁREZ

EMBRUJO DE AMOR

Índice

Nuestro secreto

Hoy es luna llena, y mientras me olvido
del ruido de afuera que irrita mi piel,
mientras te acaricio, percibo el murmullo
de un cuerpo que clama, llamando al amor.
Me pides ayuda con tus movimientos
que buscan mi cuerpo con sed de calor,
y yo me aproximo a ese mar abierto
para contemplarlo en su desnudez.
Te admiro en las noches al acariciar tu cuerpo
cuando, hermosa luna, buscas compartir
todos tus secretos, toda esta locura
que solo en mis brazos logra libertad.
No somos ingratos buscando remedio,
ya nuestra aventura tiene madurez,
porque cada día que paso a tu lado
siento que en el mundo aún vive el amor.
Bendita experiencia de mi piel cansada,
benditas tus sienes que asoman vejez,
porque mientras tomo tu cuerpo desnudo
vuelvo a ser el joven que fui alguna vez.

Y busco esos labios que tanto deseo
para disfrutarlos como de la miel,
son esos momentos que aún me consuelan
del tiempo perdido antes de tu amor.

Que somos ya viejos, tal vez lo has notado
y yo me pregunto cómo sería la vejez
si tú no estuvieras unida a mi vida,
si no me permites vivir en tu piel.
No vivo en pasado, vivo la aventura
de hacer cada día contigo el amor;
no duermo en las noches sin buscar tus senos,
que firmes me invitan a hacerlo otra vez
¿Por qué me elegiste para estar contigo?
¿Por qué me enseñaste a encontrar en ti
todo el sentimiento de un alma sincera
y el placer de amarte cada amanecer?
Yo sólo buscaba sin saber por qué,
sólo me guiaba por mi corazón
y crucé la línea que juntos trazamos
al dejar un día mi alma a tus pies.
«Aquí se va al cielo», dijiste ese día;
busquemos los dos nuestro sueño de amor;
atrás sólo tienes, tú ya lo has vivido,
una vida triste donde no hay amor.

Allí, de tu lado se va a la aventura;
«de aquí todo o nada», te escuché decir
y ya no importaba lo que atrás dejaba,
porque mi tesoro lo cubre tu piel.
Mientras nuestra noche la envuelve la bruma
de todos los días al amanecer,
los dos encontramos la fuente de vida
y yo me abandono al sentir placer.

Siento que la vida me regala el premio
de estar a tu lado toda mi vejez,
porque lo he buscado desde que en mis sueños
viniste a buscarme, para ser feliz.

Así despertamos, así es el secreto
que los dos guardamos cual áureo tesoro,
porque yo te he amado, porque me has querido,
y aunque pase el tiempo… no te olvidaré.

MADRE

Hoy recuerdo en nuestro hogar la emoción de tus recuerdos
y extraño el suave murmullo de tus paso al caminar;
aunque sé que tú te has ido, me rebelo a tu partida
cuando recuerdo tu abrazo que me llenaba de vida.
Busco en casa tus recuerdos para sentirte a mi lado,
porque fueron tantos años los que compartí contigo…
Me educaste en la niñez, me diste calor y abrigo,
me enseñaste a caminar para siempre de tu mano.
Hoy, que no puedo olvidarte, que en sueños hablo contigo,
te confieso, madre mía, que jamás te olvidaré,
porque el dolor padecido al darme tu despedida
lo llevaré para siempre guardado en mi corazón.
Hoy, que mi tiempo ha llegado, que comienzo mi andadura
de enseñar a mi retoño lo que de ti yo aprendí,
siento en el pecho un vacío, porque extraño lo que hacías
cuando al despuntar el alba estabas tú junto a mí.
Porque el amor trasmitido durante toda tu vida
hoy me obliga a ser testigo de tu paso por la tierra;
no hay consuelo a tu partida, no hay medida a mi dolor,
pero sé que tu recuerdo vivirá en mi corazón.
Hoy soy madre yo también y trasmito tu enseñanza
para que nunca se olvide lo que tu amor me enseñó;
soy feliz de haber tenido una madre verdadera
que supo darme la fuerza de enfrentarme a la verdad.

Mucho sufro tu partida, porque el amor no se olvida,
pero la fe me consuela que estarás dentro de mí
en cada noche en la casa cuando yo sueñe contigo,
en los recuerdos hermosos que en mi pecho atesoré.
Hoy despierto en la mañana después de soñar contigo,
miro a tu nieta a mi lado y valoro lo vivido,
pues mientras miro sus ojos que brillan como un lucero,
comprendo por qué aún te quiero y no te voy a olvidar.
Hoy por fin hallo el consuelo que me has dejado al partir,
porque hoy he comprendido que en los ojos de mi niña,
en su beso agradecido al despertar las mañanas,
recordaré cada día a la madre que me amó.

Amor, condena y martirio

Dolor que angustia mi alma, pena que ocupa el vacío
que existe en mi corazón al saber que te he perdido.
Hoy, que el tiempo ha pasado, comprendo mi cruel destino,
porque nací para amar, pero extravié mi camino.
Hoy ya no pienso en el tiempo que me empuja a mi final,
tengo miedo de que el invierno se haga carne en mi aflicción,
otra pena en mi existencia, otro ser al que he perdido;
al intentar retenerte, tú te alejaste de mí.
Busco respuestas que calmen esta pregunta angustiosa
al develar el misterio de sufrir del desamor,
para calmar el dolor que dejaste en tu partida,
para entregarte la vida, si decides regresar.
Hoy llora mi corazón al sufrir de soledad,
porque la entrega de mi alma no colmó tu sed de amor
cuando llora el corazón, cuando el alma me confiesa
que al irte así de mi lado, te llevaste mi ilusión.
Por eso no hallo remedio a vivir en soledad,
porque partió de mi lado la voluntad de vivir,
porque todo lo entregué sin saber que te perdía:
cuando te dije «te quiero», fue «adiós» lo que recibí.
Fue inocente mi esperanza, fue ilusión no comprendida.
cuando entregué aquel día mi más preciado tesoro,
te entregué mi corazón, te ofrecí toda mi vida
pero tú ya habías partido, buscando lo que no soy.

Condenado he terminado sin que se alivie mi pena,
pues mi condena fue amarte, y el castigo, tu traición.
Así llevo el sufrimiento que me dejó tu partida,
sin aceptar lo perdido, sin saber a dónde voy.
Así quedaste grabada como tatuada en mi pecho,
como amor que condena, como martirio de amor.
Amor, condena y martirio hoy sufre mi corazón,
así pagué el alto precio que me causó tu traición.
Así termina el amor cuando no es correspondido,
llorando lo que ha perdido, soñando lo que murió.
Así comprendo al final que el amor también perdona,
pues aunque intente olvidarte, yo jamás lo lograré.
Si algún día me recuerdas, si así lo quiere el destino,
si por tu largo camino me encuentras solo y perdido,
descubrirás la verdad: sabrás que yo no te olvido,
que te amé con devoción, que ya eres parte de mí,
que nunca podré olvidarte, y aunque tú ya no me quieras,
sabrás que fue verdadero aquel sueño de los dos,
porque el amor verdadero no sufre cuando se entrega,
porque lo llevo grabado a fuego en mi corazón.

FELICIDADES

Hoy que festejas otro nuevo aniversario,
que la familia y amigos esta noche se han reunido,
quiero contarte que he buscado tu regalo,
que representa mi mayor satisfacción.
Lo busqué por tanto tiempo, porque sé que tú mereces
por tu cuidado amoroso a un esposo agradecido,
porque tú te has ganado con los años compartidos
el mejor de los regalos que represente mi amor.
Gracias te doy este día, compañera de mi vida,
gracias por todo el amor que tú siempre me has brindado;
sólo quisiera que el sueño que tuviste hayas cumplido
cuando pediste una noche que mi amor fuera verdad.
Hoy festejamos en casa tu presencia tan amada,
hoy, con los hijos crecidos a mi lado y de tu mano,
con nuestros nietos pequeños que vuelven agradecidos
y con el sueño que has hecho que hoy se vuelva realidad.
No cuentes años ni tiempo, recordemos experiencias
y olvidemos todo aquello que una vez nos desveló,
para que juntos y unidos festejemos este día
con la familia reunida bajo tu imagen de amor.
Aún conservo en la mente tantos sueños prometidos,
como el amor que una noche de tu mano recibí,
y al despertar la mañana y hacerlo en tu compañía,
a mi tierna compañera deseo que sea feliz.

Hoy yo quisiera pedirte que vayamos a la iglesia,
donde un día nos casamos bajo las leyes de Dios,
a confirmar nuestro sueño, a decir que hemos cumplido,
porque seguimos unidos reafirmando nuestro amor.
Y renuevo el juramento que te he dado aquella noche
cuando en tus manos dejaba lo que fui y lo que soy,
cuando rendida de amor tú te entregaste en mis brazos,
cuando pasión y alegría transformamos en amor.
Y al festejar tu presencia por los años compartidos,
quiero ofrecerte esta noche un regalo para ti,
lo que siempre me has pedido, lo que en el fondo ya sabes
que hace mucho te lo he dado: te regalo el corazón.

MORIR DE AMOR

Duele el frío del invierno, duele porque tú te has ido
cuando mi mente recuerda, mientras mi cuerpo está frío;
sufre mi cama el vacío que atraviesa mi costado,
como lanza que persigue al corazón destrozado.
Porque todo lo he perdido, porque nada me has dejado;
por eso lloro en silencio al sentirme abandonado.
¿Cómo vivir otro día?, ¿de qué me sirve el mañana,
si al dejarme has terminado de romperme el corazón?
Amor, aún no comprendo cómo fui ciego a tu pena;
será siempre mi condena no haber puesto atención.
Hoy, que solo me he quedado, sueño con verte de nuevo,
con arrojarme ante tus pies para pedir tu perdón.
Perdón por ser tan mezquino, por no mostrar más amor,
por no comprender a tu alma cuando el silencio era adiós.
Hoy me rebelo al destino que nos mantiene alejados
y menos puedo aceptar que no te vuelva a encontrar.

Duele el frío del invierno, duele más porque te has ido,
mas esta noche decido que llegaré donde estés,
te llamaré por las noches hasta que el cielo decida
que al fin me vaya contigo, para amarnos hasta el fin.

Estás dentro de mi mente, te llevo siempre conmigo,
cuando la noche me envuelve y llora mi corazón;
por eso pido perdón y te prometo, amor mío,
que no hay distancia ni olvido, si aún existe el amor.

Llegaré donde te encuentres, porque a Dios hoy se lo pido
y al buscarte entre la bruma de la noche más oscura,
te llamaré por tu nombre, hasta que yo dé contigo.
Y si no me respondes, porque al final te has dormido,
yo me quedaré a tu lado, porque moriré de amor.

TE RECUERDO

Te recuerdo por las tardes cuando después del almuerzo
ese café me ofrecías endulzado con tu amor.
Te recuerdo noche y día tal vez más intensamente,
porque mi cuerpo presiente que pronto habré de partir.
Cuántos años de mi vida he compartido contigo,
tantos que ya he olvidado si alguna vez te ofendí;
mis ojos ya no distinguen en las fotos tu figura,
bello rostro tan amado que no ceso de besar.
Te miro con el corazón que hace tiempo te ha perdido,
que sufre por tu partida del mal de la soledad
y recuerdo, amada mía, cuando al llegar la mañana,
con un beso de tus labios me solías despertar.
Que rebosaba alegría por haberte conocido,
que soñaba con volver a nuestro nido de amor
cuando todo era ilusión, cuando los dos de la mano
perseguimos nuestros sueños hasta hacerlos realidad.

Cada minuto a tu lado lo guardo dentro de mí,
cada beso de tus labios lo llevo en mi corazón.
Amor, hoy te recuerdo y te sueño noche y día,
sé que al irte has perdonado lo que no pude cambiar.

Yo te seguiré llamando desde este lecho vacío,
desde el rincón de mi casa donde más feliz has sido
y lloraré por las noches cuando solo en tu lugar,
en esas noches de frío, busque encontrar tu calor.

Ya se aproxima el momento que me llames a tu vera,
que corra presto a tu lado para hacerte compañía;
mientras sueño con tus ojos esperando tu llamado,
siento que nuestro cariño nunca más será olvidado.
Porque sé que aún me quieres, tu recuerdo me ha contado
que también eres feliz, porque la hora ha llegado
de cumplir mi juramento, de volar junto a ti
para vivir para siempre un amor de eternidad.

Hoy, por fin, en vez de llanto, vuelvo a tener alegría.
Hoy siento paz en mi alma al saber que no me olvidas,
que encontraré mi pareja que me espera en la otra vida,
que mi sueño de encontrarme con tu amor se habrá cumplido.

SIN TIEMPO NI OLVIDO

Sin tiempo ha sido mi vida, sucesión de emprendimientos
donde no he medido el tiempo que he vivido con pasión;
he bebido de ilusiones, me alimenté de proyectos,
viendo siempre hacia adelante, sin volver la vista atrás.
Así, la vida he pasado a mi forma y a mi suerte.
Así, el amor he brindado a quien me abrió el corazón;
muchos años sin contarlos he corrido tras la suerte,
no tuve miedo al olvido ni tengo miedo a la muerte.
Porque viví a mi manera sin aceptar cortapisas,
busqué amar y fui querido, fui solaz de mis amigos
y hoy, que el tiempo ha pasado, al volver la vista atrás,
tengo orgullo por luchar siempre tras de una ilusión.
De cara hacia ese futuro en el barco de la vida
fui delante, a sotavento, con el pecho bien erguido,
porque lo hice a mi modo, y si a veces he sufrido,
mi llanto llevo escondido dentro de mi corazón.
Hoy recuerdo mis heridas corriendo tras de mis sueños
de encontrar felicidad en un amor verdadero;
tanto tiempo lo he buscado, tanto que casi me olvido
que la vida es la batalla donde luchas cada día.
Y me encuentro con el tiempo con el que siempre he soñado:
por fin pude verlo claro que estaba siempre ante mí
y dichoso te he encontrado amor que busqué sediento,
compañera que me llamas para darme el corazón.

Vivo feliz el presente, no cuento amores y penas,
pues todo lo que he pasado me trajo hoy ante ti;
no mido el tiempo pasado, no olvido lo que he sufrido
en mis noches solitarias, en madrugadas de frío.
A mi manera he vivido, con mi tesón te he buscado,
no permití el desaliento cuando mi cielo fue oscuro,
hoy me siento satisfecho porque al final te he encontrado,
por eso hoy en tus manos te entrego mi corazón.
Para que juntos vivamos este dichoso presente,
para que un día comprendas que yo luché cada día,
buscando hacer realidad el sueño que he concebido
para encontrar el camino que me lleve a tu destino.

Por eso, en esta noche donde afuera reina el frío
hago repaso a mi vida y olvido lo que he perdido,
para compartir contigo este sueño renovado,
para dejar en tus manos mi vida y mi corazón.

AL FINAL, LO SABRÁS

Fue una noche de luna que vivimos un sueño,
que mi amor fue tu dueño y mandó la pasión.
Fue el deseo de un hombre que por fin encontraba
la pasión de tu almohada y tus besos de miel.
Y guardé ese momento para siempre conmigo,
porque nunca he olvidado a quien di el corazón
para amarte a escondidas cuando no estés conmigo,
porque tú me has contado que te marchas con él,
porque al fin he sabido que tu amor tiene dueño,
que lo nuestro fue un sueño, que jamás volverás.
Tú quizás no supiste valorar lo vivido,
yo tampoco esperaba que tú fueras verdad.
Y aunque pierda mi vida, buscaré con anhelo
a quien supo mostrarme cómo es el amor.
Por haber comprendido que mi vida es contigo
en mi pecho he grabado «no te voy a olvidar».
Yo jamás te he olvidado, porque mi alma ha querido
que te lleve conmigo donde quiera que esté,
y no he sido el culpable de ser fiel a mi sueño
de llevarte presente dentro del corazón.
He pasado en mis años muchos fríos inviernos
sin borrar tu perfume, tu sonrisa en el mar,
mas la vida no espera, mientras sufro la pena
de soñar con mi amada cuando me hizo el amor.

Y al hacerme más viejo, cuando miro el pasado,
me doy cuenta de que siempre seguí fiel a ese amor;
no pensé en encontrarte con el paso del tiempo,
que tu senda cruzara por delante de mí.
Y hoy, que al fin te he encontrado, has cruzado mi ruta
sin que yo lo buscara, porque el tiempo pasó;
tal vez fuera el destino que buscó ese momento
en que tu vida y mi alma se encontraran al fin.
Que al final te mostraras con arrugas del rostro
y con gran sufrimiento me contaras tu error:
que olvidaste tus sueños, que perdiste la vida
al jugarte a otro hombre que jamás se entregó.
Y hoy, al fin de tu vida, al llegar el invierno,
cuando todo has perdido, menos la soledad,
al mirar a los ojos que te amaron un día,
has querido pedirme perdón por tu error.
Cómo voy a olvidarte, si te llevo conmigo,
no podré perdonarte, porque no hubo rencor;
la pasión se ha marchado con los años perdidos,
pero quiero que sepas que te amé de verdad.
Si tú olvidas quién te ama, si desdeñas sus besos
al jugar con sus sueños despreciando su amor,
cuando pasen los años y tu cuerpo esté enfermo.
sólo habrá dentro de ti la mayor soledad.

Porque el tiempo has perdido en amores mundanos,
que aunque mucho lo intentes, no podrás recordar,
porque nada es lo mismo, te perdió una mentira
y al pasar de los años se sabrá la verdad.

MI TIERRA ANDALUSÍ

Voy cruzando Trafalgar
sumido en mis pensamientos,
donde no existe un momento
para apreciar su hermosura.

Este sol de la mañana
que ilumina mi camino
deja mi sombra en la calle
mientras pienso en lo vivido.

Hace tiempo de mi pueblo
la suerte nos ha traído
tan lejos tras de los sueños
que en mi niñez he tenido.

Atrás quedaron las casas
donde viven mis amigos,
donde quedaron mis padres
llorando por mi partida.

Esas casas blanquecinas
que con el sol en su frente
las azaleas de su puerta
duermen con luz encendida.

A las casas y jardines,
al pueblo donde he nacido
nunca he podido olvidar,
ni tampoco sus salinas.

Huelo a veces cuando miro
bajo este cielo cubierto
las flores junto al camino
que me llevaba a mi amor,

que serpenteaba hacia el mar
verde, puro y cristalino,
con sus olas espumosas,
con su perfume de hogar.

Los geranios y claveles
que adornaban tu ventana
y aquel refugio de rosas
donde conocí el amor.

Voy cruzando Trafalgar
donde el destino ha marcado
que aquí tenga mi trabajo,
que vivas aquí conmigo.

Pero me duele el silencio
que entre los dos ha brotado,
pues tu amor no comprende
la razón de partir.

Porque sufres cuando miras
y no encuentras a tu lado
la pasión que has heredado
y me lo cuentas así.

«Sombra que siempre acompañas
mi paso por esta tierra,
no dejes que nunca olvide
la tierra donde nací.

A nuestro patio andaluz,
a las rosas y narcisos,
al sonido de la mar
de mi pueblo gaditano».

Hoy, mientras voy al trabajo,
pensando en volver contigo,
siento el llamado del viento
que conocí en mi niñez.

Voy cruzando Trafalgar
y escucho fuerte tu voz,
porque llama nuestra tierra
y escucha mi corazón.

Y vuelvo sobre mis pasos,
corro hasta donde vivimos,
para arrojarme en tus brazos
para invitarte a volver.

Volveremos a esa casa
blanca como luz de luna,
donde contigo soñaba,
donde he sido tan feliz.

Ya no importa lo obtenido,
buscando fama y dinero;
contigo está lo que quiero
y en mi pueblo blanquecino.

Porque el sol de nuestra tierra
ilumina cual ninguno,
porque el sonido del mar
hoy es parte de mi ser.

Para pasear por las noches
por serpenteantes caminos
donde juntos de la mano
prometí que volvería.

Para vivir nuestro sueño
hasta el fin de nuestros días,
para dejar nuestros huesos
en mi tierra andalusí.

AMOR APASIONADO

Me despiertas lentamente al calor de tus abrazos
y me siento más segura al hallarte cerca mío.
No sé si lo estoy soñando, mas no quiero despertar
cuando a mitad de la noche siento tus besos llegar.
Y las angustias que acechan en la mente y en los sueños
hoy me atrevo a silenciarlas cuando la noche es entrada
y en tus brazos doy al sol la bienvenida esperada,
abro a la vida mis ojos, hago el amor a mi amada.

Al adentrarme en tu cuerpo, siento el calor de tu piel
cuando tu cuerpo, aún desnudo, me pide amor en la cama
y siento muy de repente nuestra pasión renovada,
renacida la esperanza de nuestra vida futura.

Hoy en la noche juramos, llevadas por el amor,
amarnos toda la vida, hacer de tu vida la mía,
y como tú también percibes que te he buscado en la vida
igual que ayer me respondes con un beso apasionado.
Somos amor y pasión, somos cariño y entrega,
porque las dos nos amamos alejadas de la gente,
esa que, aunque indiferente, considera voluptuoso
que al besarnos en la calle, quizás somos diferentes.

Aunque el mundo nos condene, seguiremos siempre unidas,
porque el amor nos ha unido por hacerlo a nuestro modo,
porque el secreto guardado tanto tiempo en nuestra casa
hoy sin miedo lo mostramos ante los ojos de Dios.

Hoy pasearemos las dos por el parque y de la mano,
porque las dos encontramos la felicidad ansiada,
amor que doy sin medida, amor que no me avergüenza,
esperanza en el futuro que sueño sólo contigo
Dulce sueño realizado cuando la fe yo perdía,
cuando mi alma gemela con desesperación yo buscaba.
Por fin llegó a nuestra puerta el llamado del amor
que ocupa mi pensamiento, que me brinda su calor.
Seguiremos siempre unidas mientras exista este amor,
mientras al sentir tu piel con mi abrazo te responda,
porque al buscar tu respuesta he escuchado al corazón,
pues cuando se ama de veras, tan solo escuchas su voz.
Porque tuvimos deseo, porque reinó la pasión,
porque al mundo demostramos que lo nuestro es verdadero.
Hoy, al volver a la casa, ese hogar que compartimos,
nos amaremos sin tiempo con la pasión renovada.
Seguras de que el camino que las dos hemos trazado
nos ha hecho compañeras del amor y de la vida,
vamos tras de nuestro sueño las dos juntas de la mano,
pues no somos diferentes en cuestiones del amor.

SÓLO EL TIEMPO LO SABE

«Sólo el tiempo lo sabe», me dijiste ese día
que dejaste mi vida como barca en el mar;
sólo el tiempo y la vida contarán nuestra historia,
pues de ti mi memoria nunca voy a borrar.
Así fue lo que tuve una vez en la vida,
así pude cumplir mi destino de amor,
y si fue pasajero, para ti una aventura,
yo lo sufro en el alma cuando dices adiós.
Me abandonas sin pena, sin pensar en mi suerte,
pues no ha sido bastante lo que yo te entregué.
Yo te he dado mi vida, eso tú ya lo sabes,
porque al irte escuchaste que lloró el corazón.
Yo te he dado el cariño que implorabas dormido,
y si miras a mi alma, reconoces mi amor.

«Sólo el tiempo lo sabe», me dijiste aquel día
en que el lecho dejaste sin mirar hacia atrás,
y mi alma vencida se detuvo un momento,
me dio miedo olvidarte, que no vuelvas jamás.
Por creer que eras mío, que tu amor era eterno,
al final lo he pagado con tu ingrata traición.
Hoy, que llegan tus canas a cubrir tu cabeza,
y ese paso del tiempo que no puedes borrar,
tú caminas despacio porque estás fatigado,
porque miras buscando lo que dejas détras.

Quizás sientas que un día muy atrás en el tiempo
fuiste dueño de un alma, de un amor de verdad;
fuiste dueño de un ser que dejaste sin pena,
que cuando ella te amaba, tú quisiste olvidar.
Hoy te encuentro tan solo al pasar de los años,
que una pena tan honda no podrás ocultar.
Tú quizás has pensado que al marcharte una noche,
lo que atrás ha quedado pronto lo olvidarás.
Pero te has convencido que tu vida es un sueño,
que los malos recuerdos han quedado detrás;
aunque mucho has perdido al dejarme olvidada,
yo al final te he mostrado que te amé de verdad.
Y recuerdo que un día, al dejarme perdida,
al pedirte llorando que no me dejes atrás,
me dijiste sonriendo, sin mirarme siquiera,
que el amor no te espera, que lo vas a buscar.
Y es verdad lo que has dicho cuando joven partiste,
porque el tiempo hoy te llama para darte razón.
Cuando joven pensabas que la vida es un juego,
y jugaste a la suerte un amor de verdad.
Hoy, tu vida se apaga abrazando el recuerdo
de un amor que quisieras a tu lado otra vez,
para darte su mano cuando llegue el momento,
para darte la paz cuando debas partir.

Hoy, al fin, tú comprendes lo que el tiempo te enseña:
que una vez fuiste el dueño de mi vida y mi sueño,
que al jugar con mi amor, tú también has perdido,
porque al fin comprendiste quién te amó de verdad.

RECUERDO Y PERDÓN

Cómo duele el tiempo al llegar a viejo;
te pesan los años, te agobia el olvido
cuando pierde el hombre que llevas contigo
aquel entusiasmo que tuviste ayer.

Antiguos recuerdos que duermen contigo
tratas de evocarlos junto a la pasión,
mas después de amarla, tomaste un camino
sin saber que atrás quedaba el amor.

Recuerdas a veces qué fue de tu vida
y sientes nostalgia de lo que no fue,
de un amor lejano que todo lo ha dado
y hoy, que tú la añoras, quizás te olvidó.

Porque ahora convives con la soledad,
hoy has comprendido lo que es el dolor,
tú que un día marchaste detrás de otro sueño
y nunca volviste olvidando su amor.

Tristeza y nostalgia, las dos te acompañan,
impiden que nunca tu alma la olvide,
hoy has comprendido que el hombre que has sido
no logró en la vida su sueño de amor.

Aún queda tiempo de cambiar tu senda
hacia ese destino que crees marcado;
si mucho has luchado para no olvidarla,
trata de encontrarla, pídele perdón.

Perdón por los sueños que nunca cumpliste,
porque transformaste su espera en dolor,
perdón a la vida, porque ahora entiendes
que quien ha sufrido fue tu corazón.

Memoria y recuerdos, amores y olvidos
fueron en tu vida una sucesión
de errores mundanos que ahora comprendes,
porque hoy sólo quieres compartir su amor.

Rompe tu silencio, acalla tu pena,
que el alma no ha muerto, no admite el rencor,
que aún tienes tiempo de correr por ella,
y al verla a los ojos, confesar tu amor.

Olvida el pasado, la angustia y el miedo,
que el tiempo no espera para ser feliz,
y busca en tu alma de nuevo ese fuego
que vive muy dentro de tu corazón.

Dile que aún la quieres, que nunca la olvidas,
que hoy tú comprendes todo su valor:
un alma que quiere como ella ha querido
ten por seguro que no te olvidó.

Y vive tu vida de cara al futuro,
forma esa pareja que siempre has soñado,
y si al verlos juntos alguien te pregunta,
dile que tu amada... ya te perdonó.

BITÁCORA DE VIAJE

De teca fue la madera con la que hicimos el barco,
el velero que en mis noches soñé botar junto a ti.
De caoba hice aquel mástil donde colgamos las velas
que, henchidas por la esperanza, nos llevaron por la mar.
Completamos con caricias nuestra bodega en la proa,
lo pintamos con sonrisas y lo llenamos de amor.
Por ese tierno entusiasmo, por esa sed de aventuras,
por vivir nuestra aventura nos hicimos a la mar.
El esfuerzo compartido, las privaciones vividas
no empañaron nuestro sueño de ser felices los dos;
mantuvimos el timón tanto como nuestro empeño,
así los dos fuimos dueños de lo que llaman «destino».
Por eso fuimos distintos en este mundo sin sueños,
porque vivimos buscando dónde encontrar nuestro puerto,
y al hacernos a la mar, al soltar nuestras amarras,
atrás quedaba el pasado, y al frente, la inmensidad
de una vida que llamaba a compartir nuestro sueño,
y al aceptar ese reto, nos jugamos al amor
y lo buscamos unidos, lado a lado, codo a codo,
fuimos amantes sin tiempo, confidentes del amor.

Por hacernos a la mar, por aceptar nuestros retos
convertimos nuestra vida en un camino de amor.
Hoy, que al fin nos detenemos para observar lo vivido,
hoy le decimos al mundo que aquel sueño hemos cumplido,
que nunca desfallecimos y, al final, lo conseguimos;

que lo grande de este mundo fue compartir nuestro amor,
pues si la vida es un viaje que nos oculta el destino,
fuimos siguiendo el camino que nos marcó el corazón.
Y al compartirlo todo —amor, pasión, sacrificio—,
lo hicimos a nuestro modo, como lo soñé una vez.
Por eso, al final del viaje, al llegar a nuestro puerto
más unidos que al principio, vengo a cantar al amor,
al viento que nos condujo por la inmensidad del mar
y al suelo que hemos pisado para formar nuestro hogar.
Hoy, al fin, es el momento de contar a nuestros hijos
que el velero, que la vida, que aquel viaje terminó.
Hoy les podemos contar que el amor es el camino,
que sus sueños les indican cuándo deberán partir,
que buscarán comenzar este viaje ilusionados,
que su destino final se halla en su corazón.
Hoy dan comienzo a ese viaje que en sus sueños aparece,
van tras esa ilusión, que es vivir brindando amor,
y verán que la distancia, los trabajos, los placeres,
cuando el tiempo se termine, no los podrán olvidar.

Por eso, al envejecer los dos juntos, decidimos
entregarle a nuestros hijos la bitácora del viaje,
y al darles la despedida en el muelle de su vida,
cuando el velero esté pronto y decidan su partida,
recordarán el camino que los dos hemos trazado
y que estaremos juntos hasta que nos llame Dios.

CUANDO LLAMAN LOS RECUERDOS

Cuando llaman los recuerdos, aquellos que nunca olvido,
abro la puerta al pasado y dejo libre al corazón,
porque mi memoria graba de todo lo que he vivido
a fuego en el corazón lo que mi alma le pide.
Así llevo en mi memoria grabado lo que he vivido
desde que la he conocido, desde que tuve su amor.
Para oír su dulce voz cuando yo siento un vacío,
busco traerla de nuevo y disfrutar su canción.
Esa pasión que transmite el amor que nunca olvidas,
ese pasado que guardo y que me ayuda a vivir.
Sé que es bueno recordar para sentir nuevamente
sus labios sobre mi frente, su mano sobre la mía.
Porque mi tiempo ha pasado, porque soy viejo al presente
hoy recuerdo con nostalgia el amor que recibí.
Gracias doy a quien me quiso sin habérselo pedido,
quien fue ese primer amor que no olvida el corazón.
Gracias por aquella unión, por ese amor sin medida
de una madre que me quiso hasta que Dios la llamó;
por su ejemplo en esta vida, por guiarme hasta el presente,
por enseñarme en la vida a escuchar mi corazón.

Hoy, que mi vida ha pasado, me pregunto si he vivido
como un ser agradecido por recibir tanto amor;
cuando la noche en mi vida se acerca muy lentamente,
abro por fin esa puerta y libero mis recuerdos.

Para contar a mis hijos lo mucho que he recibido,
para pedir que me guarden por siempre en su corazón,
y al despertar la mañana, hoy me siento satisfecho
por nuestra vida pasada, por conocer el amor.
Hoy me besan otros labios, hoy siento que soy querido,
porque encontré la persona que ocupa mi corazón.
Vivo y siento este presente con mi dulce compañera
y guardo dentro del pecho cada momento vivido.
Así, viejo corazón, que lates junto conmigo,
yo te lleno de recuerdos que me hicieron tan feliz,
porque vivir sin amor, sin haberlo conocido,
es el mayor desatino que jamás yo cometí.

SUEÑOS

Una vez he cumplido mi sueño
de buscar la razón de mi vida,
de luchar por la causa indicada
al buscar en la vida el amor
y al jugarme a la suerte he partido
de mi tierra al hallar la ocasión
a buscar en el mundo que espera
que yo encuentre al final el amor.
Y al dejar tras de mí ese pasado,
busqué en vano mi hermosa ilusión.
Fui cambiando mi ruta y oficio,
fui creciendo al hacerme mayor
y muy dentro mantuve esperanzas
de algún día encontrar a mi amor,
ese amor que he soñado en mis noches,
que tal vez se volviera obsesión;
que me cubre mis noches de besos,
que se vuelve ternura y pasión,
que al mirarlo me lleva hasta el cielo
y me ofrece ternura y calor.
Y es por eso que vivo pendiente
de los sueños que llevo conmigo
para hacerlos al fin de esta vida
un recuerdo de nuestra pasión.
Y aunque cubran mis sienes las canas
y al mirarme me falte valor,

no me importa empezar otra vida,
porque aún no he encontrado el amor.
Mas un día que no la esperaba,
sin querer encontré la ocasión
de encontrar la mitad de mi vida,
de al mirarla tener mi ocasión,
mas no supe entregarme del todo
por temor a perder la razón,
o quizás mi egoísmo fue el hielo
que enfrió ese volcán de su amor.
Es costumbre culpar a los otros
si no puedes hallar el amor,
ese ser que comparte tus noches
y te abraza hasta el amanecer.

Y al pensar que no supe entenderla,
que he fallado al darle mi amor,
hoy comprendo por qué me ha dejado
en el triste lugar donde estoy.

Es verdad que se logra en la vida
lo que luchas por una razón,
hoy, yo siento que el tiempo he perdido,
que no supe luchar por su amor.
Que no supe entregar mi persona
a mi amante que tanto me dio,
y oculté el sufrimiento y la pena,
cuando al fin nos dijimos adiós.

No hay consuelo que llene mis noches;
no hay alivio a mi cruel soledad,
pues el sueño de amor he perdido
y, al final, el culpable soy yo.

Fue fugaz como el sol del invierno,
torbellino de loca pasión,
pero hoy que he quedado tan solo,
no he logrado calmar mi dolor,
pues no hay nada seguro en la vida,
no hay amor que te impida sufrir,
ni la angustia al saber que se ha ido
tras su sueño, tras otra pasión.

Y si tuve en mi viaje un momento
que mi vida encontró la razón
de luchar por el sueño añorado,
hoy comprendo: perdí la ocasión.

Hoy que escucho en mi pecho el gemido
de mi alma que extraña su amor
le contesto que entiendo su pena
y respondo con el corazón
que, por fin, he encontrado el camino,
que al final comprendí lo que soy:
un amante que extraña a su amada,
sólo un hombre que perdió su amor.

BUSCANDO MI HOGAR

En busca de un sueño que tuve de niño,
tomé mi mochila y me hice a la mar.
Dejé atrás mi casa, dejé mi familia,
dejé muchos miedos por irlo a buscar.
Quise hallar a mi amada, mi hogar, mi refugio,
y con ese sueño me hice a la mar,
y al fin he buscado por muchos senderos,
sabiendo que un día lo voy a encontrar.
Me llamó el camino hacia mi destino;
fueron desafíos para madurar,
y si hubo aventuras que dejaron huellas,
también fue difícil mi sueño encontrar.
Sueños inocentes de joven me guían
sin ver que la vida pide siempre más:
pide sacrificio, voluntad y entrega,
y quien te enamora también pide amor.
Pero nada llega sin haber sabido
que si algo deseas, deberás luchar,
luchar contra el mundo que no te comprende
y contra ti mismo, muy pronto sabrás
que no existe sueño alguno que vuelvas regalo,
todo se conquista después de luchar.
Y así fui creciendo, buscando mi sueño,
que al fin he logrado y se llama hogar.

Por fin he logrado quien mi alma comprenda
lo que yo he buscado desde mi niñez,
a quien sin recelos entregar mi vida,
con quien yo comparto este corazón.
Juntos transitamos un largo camino,
porque compartimos deseo y pasión
quien pudo mirarme con ojos sinceros
y que me ha entregado rendida su amor.

Por fin he encontrado el sueño buscado,
el fin de mi vida se hizo realidad;
buscaba el hogar que mi alma consuele
donde yo pudiera entregar mi amor.
Hogar no es la casa, de hechura terrena,
que dejas un día y no vuelves atrás;
hogar es el alma que a ti te consuela
y al mirar sus ojos encuentras la paz.

MI HOMENAJE

Acércate un poco, bésame en la frente,
acerca tu cuerpo y siente mi voz.
Hoy quiero abrazarte, decir que te quiero,
que nada separe lo que nos unió.
Y sueño despierto que vives conmigo,
que aún siento ganas de hacer el amor,
de mirar tus ojos, de ver tu sonrisa,
porque es en mis sueños que vuelves a mí.
No sé si es delirio de amores perdidos,
de vidas truncadas por una obsesión,
que tú me acompañes en este camino,
que al fin el destino lo hagamos los dos.
Sueños que me asaltan en noches oscuras,
deseos del alma que llora tu adiós;
me niego a olvidarte, me niego a la vida
que sigue su rumbo, si no somos dos.
Porque por las noches mi pena yo olvido,
porque sólo vivo pensando en tu amor,
porque ya no aguanto sufrir esta pena,
porque no comprendo por qué sucedió.
Si fuimos benditos por ese milagro
que solo en la vida se vive una vez;
si fuimos pareja, de cama y de vida,
yo te he prometido vivir junto a ti.

Siento tu presencia cuando me visitas,
porque por la noches te llamo otra vez.
Sueño que visitas mi casa y mi vida,
que aún necesitas de un beso de amor.
Sólo quien ha amado y dado su vida
siente la nostalgia de lo que se fue.
Sólo quien recuerda el amor perdido
sueña que en las noches lo vuelve a vivir.
Y así mis mañanas me encuentran a veces
mojando mi almohada, llorando por ti,
por ese pasado que vuelve a mi vida,
por ese llamado de tu corazón.
Vivimos la vida que nos tocó en suerte
y fuimos felices unidos los dos,
desde que una noche unimos dos cuerpos
y ambos nos juramos un eterno amor.
Por eso te busco en sueños nocturnos,
por eso tú alejas mi gran soledad
que, a veces, me invade si miro a los hijos
cuando son felices, como lo fui yo.
No existe un reproche al paso del tiempo,
no cedo ni pido lo que no vendrá,
pues sé que la vida nos mostró el camino
y fue mi destino vivir junto a ti.
Repaso mi vida, vivo este presente,
no temo al futuro ni lo que vendrá;
si existe ese cielo, valhala o destino,
sé que los caminos conducen a ti.

Y digo a mis hijos que vivan la vida
con esa alegría de su juventud,
que nada reprocho, de nada me olvido,
porque soy un hombre que lucha hasta el fin.
Dimos un ejemplo de amor en la vida,
dimos nuestra lucha porque nuestro amor
fuera por los hijos, escuela de vida,
así lo acordamos y así se cumplió.
Hoy todo ha pasado, sigo en el camino
soñando en las noches, llorando por ti
y al llegar el día, te brindo mil flores,
porque en tu homenaje elegí vivir.

SÓLO DIOS LO SABE...

Cuando en mi conciencia el tiempo vivido
se agolpe de pronto pidiendo olvidar;
cuando el sufrimiento de viajar erguido
ahora que estoy solo me obligue a parar,
quizás algún día me rinda ante el mundo
y al fin reconozca que no volverás.
sólo Dios sabe si veré ese día.
sólo Dios sabe quién me llorará.

Cuando mi tristeza, mi profunda pena
por haber perdido mi tiempo sin ti
me lleve sin rumbo, sin meta en la vida,
viviendo el momento sin nadie que amar,
y nada detenga el ritmo cansino
de aquel que no sabe cuál es su lugar,
tal vez me confunda con tanto jaleo,
pero dentro mio no habrá nadie más.
Sólo Dios lo sabe, porque me conoce,
porque me ha escuchado llorar de verdad,
que sabe la pena que llevo escondida,
que a nadie le cuento, que intento olvidar.

Mi vida fue un sueño de besos y amores
de un ser que una noche me amó de verdad;
le entregué mi vida en noches de luna
y me ha prometido: «no te olvidaré».

Y al seguir mi paso por otros caminos,
no tengo destino ni a quién recordar;
mi fe se ha quebrado con el desengaño,
y el daño infligido sólo Dios sabrá.
Hoy vago en la tierra, desnudo y sin fuerzas;
no tengo destino, no puedo olvidar
por el desengaño, por haber querido,
por entregar todo por esa mujer.
Viajo sin destino, sin otro objetivo,
sin tener destino, sólo Dios sabrá,
y pido en las noches volver al principio
cuando en mi inocencia creí en el amor.
No existen razones para hacerme daño,
para que perdiera mi fe en el amor.
Sólo Dios sabe cuánto ya he sufrido.
Sólo Dios conoce mi ser interior.
Por eso, hoy le imploro hincado en su templo
que si aún hay tiempo, escuche mi voz,
que aún no me muestre el fin del camino,
porque sólo quiero hallar el amor.

Si al fin mi camino termina esta noche,
le ruego un instante de felicidad
y que me permita antes de perderme,
tan solo esta noche, vivir el amor.

MI REGALO

En ese espacio que tenemos en el alma,
donde se guardan multitud de mis recuerdos,
son los sucesos que conservan importancia
los que quisiera llevarme de este mundo.
Son nuestros sueños los que un día proyectamos,
es la alegría desbordada al realizarlos,
los que llenaron la existencia de mi vida,
de todo aquello que llamamos «experiencia».
Del primer beso, del amor que despertaba
toda la fuerza y la energía de mi vida,
de la primera vez en que tomé tu mano
y el corazón te suplicaba que fueras mía.
Dulces recuerdos que guardo como un tesoro,
como ese bien, el más preciado de mi vida,
pues de entre todos hoy destaca aquella noche
en que, rendida ante mi amor, yo te hice mía.
Viví dos vidas, por tu amor y por el mío,
viví tus sueños, compartí los míos,
mientras la vida se pasaba en un instante
como una estrella fugaz del mediodía.
Aún conservo, a pesar de ser anciano,
aquel amor que me animó toda la vida,
el entusiasmo por seguir siempre el camino,
porque a mi lado, feliz siempre has estado.

No tengo nada material para ofrecerte,
porque con nada material alcanzaría
para premiar todo el esfuerzo realizado,
todo el amor que me regalas cada día.
Hoy yo quisiera renovar mi juramento
para sellar este festejo en nuestra vida.
Hoy, que tú esperas el regalo de aniversario,
tan solo tengo un corazón agradecido.

CUANDO DIOS ME LLAME

Qué ingrato es el mundo que a veces me oculta
que somos humanos, que el tiempo es fugaz,
fugaz como el sueño de amor que esa noche
ambos disfrutamos con loca pasión.
Pero nos oculta que el tiempo es tirano,
que busca mostrarnos otra realidad,
que no nos informa, que nos olvidamos
que al mundo vinimos buscando el amor.
Cuando Dios me llame una noche serena,
quiero que me encuentre rodeado de amor
para demostrarle que al fin he aprendido
que vale la pena vivirlo de a dos.

Porque nos formamos como hombres y hermanos
sin ver que la dicha nos llama una vez,
así confundimos amor y experiencia,
y al fin olvidamos dar el corazón.

Que el tiempo es tan corto desde que nacemos
para tener sueños, para convertir
esos alimentos que el alma te pide
en una familia que viva el amor.

Cuando Dios me llame hasta su morada,
tal vez aún no sepa que el tiempo pasó,
porque al aturdirme con planes y sueños
dejé lo importante para hacer después.

Es hora de ver que la vida es breve
y, como otro sueño, debe terminar;
si el tiempo no espera, no olvides vivirlo
como si el llamado esté por llegar.
Vive tu momento como el primer día
que tuviste un sueño que hiciste verdad;
vive tu aventura, que pronto la vida
llamará a tu puerta y te hará llorar.
Cuando Dios te llame, espera despierto
haciendo balance de lo que pasó;
dile a quien te quiera que no hubo un momento
que tú te olvidaras de entregar tu amor.
Así sólo espero mi postrer pasaje,
junto a mi equipaje, me llevo tu amor,
cuando Dios me llame sabrás, compañera,
que no hubo un momento que no piense en ti.
Que supe hace mucho que el tiempo es tirano,
mas nunca he olvidado lo que nos unió,
que he sido feliz en mi vida a tu lado,
que vives en mi alma, allí donde esté.

Cuando Dios me llame te pido que cuentes
que nuestra aventura aún no terminó;
dile a quien te quiera que al fin, compañera,
seré quien te espere cuando debas partir.

COMENZAR DE NUEVO

En diáfano día despiertan mis sienes
con dulce cansancio después del amor
de besos robados en noche de sueños,
de abrazos buscados con loca pasión.
Soñé que tenía en tus labios la forma
de llegar al cielo, de ser siempre dos,
y aún no distingo si es sueño o pasado,
porque me has dejado tu huella en mi piel.
Huelo tu perfume, siento tu presencia
cuando, aun dormido, busco tu calor
y siempre respondes con todo tu cuerpo,
que lo que te pido lo ansías también.
Hallarte a mi lado ha sido el consuelo
que Dios me ha dejado para mi vejez,
aún no comprendo si lo he merecido,
aunque, compañera, yo siempre te amé.

Tampoco comprendo si ha sido el destino
que quiso mostrarme contigo el amor,
y así ya han pasado treinta primaveras
y ningún invierno en mi corazón.
Vivimos la historia que ha sido el sustento
de nuestra familia, ejemplo de amor;
por eso, hoy despierto, buscando tu cuerpo
y el que me recibe es tu corazón.

Bendito ese soplo de amor en la vida,
bendito el destino que al fin nos unió,
yo sólo quiero detener el tiempo,
mirarte a los ojos, amarte otra vez.
Pasaron treinta años y miro al pasado,
y confundo el tiempo con lo que vendrá;
ya solo me importa gozar tu presencia
y hablar del futuro que hagamos los dos.
Te llevo en el alma, hoy te lo confieso,
y yo no concibo vivir sin tu amor,
porque ya hace tiempo que estoy convencido
que el mundo es hermoso, porque somos dos.
No temas dolores, achaques del tiempo;
si cuesta tu paso, allí yo estaré,
para dar mi mano junto con un beso,
para ser tu amigo y amante a la vez.
Somos compañeros en esta aventura
que iniciamos juntos hace tiempo ya;
somos dos viajeros buscando un camino
que nos lleve juntos hacia el más allá.

Hoy, mientras despierto feliz en tus brazos,
vuelvo a ser el joven que te enamoró,
y al besar tus labios como el primer día,
siento que la vida comienza otra vez.

NO PIERDAS EL TIEMPO

A mi hijo

No pierdas el tiempo en vanas rutinas,
en turbios negocios buscando ganar;
no pierdas la vida con soñar un mundo
donde sólo existes para disfrutar.

Nunca desperdicies tu vida terrena
sin fijar un rumbo, sin tener valor,
porque de esos mares, de vanos honores,
de pingues ganancias nada quedará.

No olvides a tu alma que busca en silencio
tener un motivo para ir a luchar;
descubre tu fuerza, educa tu mente,
prepara tu cuerpo para ir a buscar.

Tu sitio en el mundo, donde cuando llegas,
aportas tu entrega, tu fe y tu tesón;
disfruta el trabajo que tú has elegido,
disfruta lo bueno que el mundo te da.

Y busca brindarte sin pedir más nada,
pues nada tenemos y así partirás.
Hoy que te despiertas al sol de este día
llena de alegría tu casa y tu hogar.

Respeta la vida, guarda mi consejo,
que al son de los tiempos te quiero dejar,
para que tu casa sea el bello huerto
donde solo flores puedas cosechar.

Y al mirar los ojos que jamás te olvidan,
al besar los labios de alguien que te amó,
entrega tu alma, vive apasionado,
porque en esta vida no existe el después.

MÉDICO AMIGO

Médico amigo, te espero al salir del hospital,
donde has dejado tu bata para nunca regresar.
Hoy recuerdo aquellos días,
cuando los dos prometimos
darlo todo en la carrera de curar a los demás.
Lo que una vez era un sueño
tú luchaste por lograr
aliviar a quien lo pide,
sin pensar en nada más.

Hoy me confiesas con pena
que el trabajo has terminado,
que tu cuerpo está cansado,
pero insistes en luchar,
en vivir tu profesión con vocación de servicio,
porque médico has nacido, compañero, como yo.
Y al transmitirte el respeto que siempre nos has mostrado,
quiero contarte un secreto para aliviar tu dolor,
porque lo mismo he sentido al dejar lo que he amado,
pero el destino nos llama a dejar nuestro lugar.
Viví mis años mejores luchando por nuestro sueño,
mas llamó el tiempo a mi puerta, y no me pude negar,
porque supimos soñar, entregar nuestro descanso
para dejarle un ejemplo a los que luego vendrán

con sus batas bien planchadas, con su sapiencia de libro,
buscando ser los mejores en el arte de curar
y al tomar nuestro relevo nos harán sentir mayores,
mas pedirán el consejo, que orgulloso les darás.

Entonces también sabrás
que tu entrega no fue en vano,
que has cumplido el juramento
que has sabido respetar.
Por eso no sientas pena, sino orgullo de tu vida,
porque tú la has dedicado a dar amor de verdad.
Te aseguro, compañero, que jamás será olvidado
aquel que deja su vida por curar a los demás,
acompañar a quien sufre y curarle sus heridas
y confortar al enfermo, cuando tú le brindas paz.
No sientas que algo has perdido al dejar la profesión;
has enseñado en tu vida, como se brinda el amor,
porque nada se ha olvidado,
pues al mundo le has mostrado
que el sacrificio en tu vida lo hiciste sin claudicar.
Hoy que me siento a tu lado,
porque estuve antes que tú;
me despido de tu vida compartiendo tu aflicción
y te dejo este consejo que algún día alguien me dio
cuando pensaba en dejar lo hermoso de la profesión:
vuelve orgulloso a tu casa,
cuéntales a tu familia que un día tuviste un sueño
y lo hiciste realidad.

OTRA COPA DE VINO

Otra vez me despierto llorando
cuando miro a mi lado y no estás
en el bar que visito cansado,
donde el vino me ayuda a olvidar.
Y al mirar en el fondo del vaso
y pedir otra vuelta final,
voy pensando que tal vez mañana
tu recuerdo yo logre olvidar.
Porque hoy es mi vida un regalo
que no encuentro a quien entregar
y el consuelo de alcohol y de bares
no ha logrado tu imagen borrar.

Porque llevo grabado en el alma
cuando hiciste que fuera verdad
el amor que nació entre mis manos
que una noche viniste a buscar.
Fue una noche que no lo esperaba
cuando yo festejaba en champán
entre amigos haber conseguido
que mi vida volviera a empezar.

Y encontré aquellos ojos de luna
que miraron muy dentro de mí
y busqué estar contigo esa noche
para amarte y hacerte feliz.

Tras el sueño de alcohol de una noche
de festejos, de amigos, de bar,
al llegar la mañana, en mi cama
me di cuenta de que tú ya no estás.
No tuviste acaso un instante
entre besos, abrazos, pasión
para darme tu nombre al oído
y decirme dónde irte a buscar.
Es por eso que invito otra copa
en el bar donde una vez te encontré,
porque espero que llegues de pronto,
y al mirarme, sepas la verdad.
Sírvame, por favor, camarero,
otra copa, que intento olvidar
la nostalgia que oprime mi alma
y unos labios con sabor a mar.
No es remedio el alcohol a esta pena
que en mi alma dejaste al marchar,
pues la noche de fiesta y amigos,
sin buscarlo, me enseñaste a amar.

Hoy no quiero volver a mi casa,
porque espero en el mismo lugar
que bebiendo otra copa de vino,
esta noche te vuelva a encontrar.

CONSUELO

Por fin, en mi sueño, regresas a casa,
así pude amarte como lo hice ayer.
Hoy te confieso que hallé mi consuelo
al soñar contigo, pues no te olvidé.
Al notar la ropa arrugada a mi lado
y sentir tu aroma, que siempre está aquí;
al vivir el sueño que vuelve mi amada
para compensarme por lo que sufrí.
Hoy ya no me importan las noches de insomnio
cuando te esperaba hasta amanecer,
cuando una botella fue mi compañía,
mientras te pedía que vuelvas a mí.
Porque nunca cuento lo que te he querido,
nostalgia de un hombre que da el corazón
por unos instantes de dicha terrena,
porque en esta vida me jugué por ti.
Amor sin retorno, no pude evitarlo,
que una vez lo he dado, ya no vuelve a mí
aquel corazón que guardaba con celo,
que encontró en tu pecho refugio y calor,
que gozó la vida como de tus besos,
que gritó a los vientos «no te dejaré»,
que aún llora de pena con la luna llena,
mirando hacia el cielo, buscándote a ti.

Si amar en la vida es entregar todo,
yo te di mi alma sin ningún por qué,
y he sido feliz mientras me besabas,
porque en esta vida sólo amé una vez.
Hoy tú has regresado, lo siento en mi pecho;
siento ese consuelo que tanto añoré,
porque al fin en sueños volviste a mi lado,
porque me has jurado «no te olvidaré».
Y ruego a la vida que nuestros caminos
se encuentren un día allá donde estés,
pues somos dos almas buscando un destino
que al fin comprendieron que aún vive el amor.

Una lágrima por ti

Es al fin tu mirada en mi cuerpo
la que siento que me hace temblar,
la que invita a una nube de besos
que esta noche me viene a buscar.
Es pasión lo que invita tu cuerpo
que me llama y ya no hay voluntad
que se oponga a vivir otra noche
en que juntos podamos amar.
Es el suave murmullo en las olas,
es la luna que asoma a mirar
cuando busco besarte en los labios
y en sus brazos me dejo llevar.
Y es así como todo conservo,
es su voz, su perfume y el mar,
es el único tiempo pasado
que mi alma se niega a olvidar

Hoy, que lleva mi cuerpo el ropaje
que al paso del tiempo te muestra mi edad,
ya no oculto mi pena y mi llanto
de tantos inviernos de no estar con él.

Y me aferro con todas mis fuerzas
a aquellos recuerdos que nunca olvidé;
hoy daría a este mar con mi cuerpo
si nunca esperara encontrarte otra vez.

Hoy, que la tristeza domina mi vida,
que mi huerto mustio no brinda una flor,
vivo buscando en mi casa esas huellas
que al irte de casa supiste dejar.
El pasado vuelve de noche en mis sueños
cuando la tristeza es también soledad,
cuando quieres a alguien y ruegas que vuelva,
cuando le suplicas, te vuelva a buscar.
Es amor sincero lo que ambos tuvimos,
por eso me niego a intentar olvidar,
y sola camino en las noches de luna
para ver si escucho tu voz en el mar.
Ojalá que nunca tu nombre se olvide,
que sepan que tuve un amor de verdad,
que quien lo recuerde sea tu regalo,
que hoy es este niño que dejas atrás.
Sabrás que en las noches le cuento a mi niño
que ambos lo quisimos, que fue nuestro amor;
hoy le toca el turno de buscar la vida
como ambos lo hicimos un día como hoy.
Hoy miro a sus ojos hermosos y tiernos
que al fin me preguntan qué fue del amor,
porque le he contado que desde esa luna
alguien que se ha ido nos mira a los dos.
Hoy le he confesado que fui bendecida,
que tuve un esposo, que tuve su amor,
que me dio el regalo más grande de todos,
que en su despedida nos besó a los dos.

Y al mirar sus ojos tan dulces y tiernos,
lágrimas de pena caen por su piel,
porque ha comprendido que tuve en la vida
alguien que ha dejado a su amor en él.
Es al fin lo hermoso que queda en mi vida,
el mayor regalo que pudiste dar;
por eso esta noche te espero en mi casa,
tomando su mano, extrañando tu piel.
Y cuando la noche golpee a mi puerta,
cuando se me anuncie que pronto me iré,
cuando nuestra luna me anuncie su vuelta,
en brazos del sueño yo te encontraré.
Porque me has mostrado el amor sincero,
porque de tu mano yo viajé al Edén,
porque me has dejado esperando tu vuelta,
porque tú lo sabes: siempre te querré.
Me amaste en la vida sin pedirme nada
cuando me entregaste tu gran corazón;
dejaste en mis manos como un testamento
los ojos de un niño que hoy llora por ti.
Por eso, esta noche me acuesto en mi cama
y sueño que vuelves conmigo otra vez,
que en brazos me llevas hasta el firmamento,
que en sueños me juras «yo te esperaré».

POETA

Si alguna vez esa pregunta me incomoda,
porque no sé qué contestar de mi pasado
cuando preguntas por qué siempre fui poeta,
yo te contesto que de siempre lo he soñado.

Hoy los convoco a un aquelarre de recuerdos
que nos contagien el sabor de lo vivido,
que nos inspiren con sus sueños no cumplidos,
esos que nunca, con el tiempo, yo he olvidado.

Son esos sueños que llegaron generosos
a acompañar nuestras primeras experiencias
y de esa forma poco a poco comprendimos
que eres tú mismo quien elige tu destino.

Yo hace tiempo supe ver cuál fue el camino
que debería recorrer en esta tierra
y en el camino que la vida me marcaba
iba dejando una huella tras de mí.

Así he elegido con el tiempo que he vivido
hacer memoria de todo lo que he aprendido,
dejar legado a quien siga nuestra huella,
esta evidencia de mi paso por la tierra.

Y la poesía me enseñó cómo contarla
y trasmitirla cuando el tiempo sea cumplido,
dejar el alma, dejar todo lo aprendido
y así quedarme dentro de tu corazón.

Pues si no olvidas sentimientos con el tiempo,
tampoco quieres descartar lo que has vivido,
porque si el ciclo de mi vida está cumplido,
en mi poesía hoy lo transformo en mi legado.

MÁS FUERTE Y MÁS CLARO

Hoy siento un lamento, el cruel sufrimiento
de seres que habitan allende la mar;
siento su pobreza, la falta de hogar
donde con sus niños poder habitar.
Lo han perdido todo, familia y amigos,
esposos y amantes, la paz de un hogar.
¡Malditas las guerras que vienen de afuera,
destruyen su tierra buscando lucrar!

Hoy llega en el viento el llanto de un niño
que ha perdido todo por nuestra maldad;
ya no tiene nada, no hay tierra ni abrigo,
porque hay una guerra detrás de su hogar.
Y al fin me pregunto si el llanto no escuchan
cuando alguien les pide algo de bondad,
si saben que un día por saquear su tierra
al darle armamento podrán olvidar.
el premio buscado, el logro obtenido
con tanto reguero de sangre y dolor
hoy es sufrimiento de tantos millones
que gritan más fuerte junto a nuestro hogar.
Y al oír su llanto tan claro y tan puro,
busco el sentimiento que obliga a ayudar,
a darles cobijo, a salvar sus vidas,
a ofrecerles un mundo donde exista paz.

Y hoy ya no callo, pues somos la voz
que, juntos y hermanos, queremos gritar
más fuerte, más claro, que estamos unidos
para que en el mundo domine el amor.
Que no nos convencen vidrios de colores,
que no existen joyas sin sangre detrás,
pero existen seres que brindan su vida
que juntos y unidos les ofrecen paz.
Hagamos con todos, ellos y nosotros,
este mundo nuevo que amas de verdad;
por eso hoy te invito a que te unas al ruego
y, unidos con ellos, busquemos la paz.

Nuestro camino

Hoy no siento el esfuerzo ni el cansancio en mi vida,
pero siento que mi alma busca hallar la razón
de soñar con tus besos escuchando la brisa,
de saber que fue cierto el amor que viví.
Bien guardado lo llevo dentro de mis recuerdos
y al abrirlos me entrego a un festejo de amor,
pues yo llevo escondido en lugar preferido
ese amor que has dejado, que jamás olvidé.

Y comprendo al gozar, al sentir nuevamente
que me envuelve su aroma, pues me brinda ocasión
de sentir que estoy vivo, que hace tiempo he ganado
al abrigo de tu alma mi derecho al amor.
Y hoy, que aún me consume en las noches de invierno,
cuando viejo y enfermo me preparo a partir,
el deseo de tu cuerpo, de tus besos soñados,
del amor que me has dado, que jamás olvidé.
Porque he sido tocado por la diosa fortuna,
porque al fin en mi vida encontré en quien confiar
al brindarme cariño, entregándolo todo
a quien hice a mi modo parte del corazón.
Fui feliz a tu lado, fuiste todo en mi vida
y por nuestro pasado hoy te quiero contar
que en mi vida terrena, donde sufres mil penas,
una vez en la vida, me mostraste el amor.

Porque el alma de un hombre necesita un amigo,
necesita quien busque compartir el amor,
porque hoy ya no me importa cuánto dure mi vida
si al final comprendo que no muere el amor.
Porque en este camino tu figura y la mía,
como dos peregrinos que surcaron la tierra,
fuimos piedra y camino, fuimos huella y destino,
fuimos luz que ilumina a quien busque el amor.

ME HAS VENIDO A BUSCAR

Me viniste a buscar, a turbar este sueño
que acaricia mi cuerpo, que no logro olvidar,
pues te amé aquella noche que nos pudo el invierno
y hoy no sé si fue un sueño o un recuerdo fugaz.
Y al sentir que estás viva, que tu amor no he perdido,
que lo llevo guardado dentro del corazón,
sólo siento alegría, aunque vivo un infierno,
porque aún recuerdo tu promesa al partir.
Y en mi pecho vacío, la ilusión renacida
de llevarte conmigo a mi lecho de amor
otra vez me consuela por el tiempo perdido,
porque no has regresado a mi casa otra vez.
Hoy, que vuelves en sueños cuando grande es mi pena,
cuando todo he perdido, cuando sufro de amor,
es tu pelo adorado, son tus ojos de cielo,
es tu voz que me cuenta lo que quiero escuchar.
Siento al fin de mi vida que, al llegarme mi hora,
he esperado una vida porque vuelvas a mí,
disfrutar el perfume de tu cuerpo adorado,
que me cuentes tu vida, que devuelvas mi amor.
Preguntarte al oído si has dejado dormido
en tu casa y tu cama a mi fiel corazón;
si al final de tu vida has hallado consuelo,
si ha valido la pena alejarte de mí.

Pues no pude olvidarte, te quedaste conmigo
y hoy, que el tiempo ha pasado, estás dentro de mí.
Fue tal vez la quimera, tu recuerdo tan vivo
que ha marcado mi vida, porque no te olvidé.
Pero ya no me importa que me lleve una vida,
porque sé que algún día me vendrás a buscar
y será un nuevo día para tu alma y la mía,
pues hoy quiero que sepas que jamás te olvidé.
Hoy mi sueño es consuelo, alimento y desvelo,
porque es tanto el anhelo que tu vuelvas a mí,
que te espero en las noches, que te pido que vuelvas
a llevarme contigo, pues no puedo esperar.
Si al final he cumplido lo que nos prometimos,
que conserve tu alma dentro del corazón,
hoy al fin lo he sabido, que vendrás a buscarme,
porque estoy convencido que no ha muerto mi amor.

Viejo corazón

Viejo compañero, ya no sufras más
por lo que has vivido, que ya no tendrás;
no intentes de nuevo llamarla otra vez,
el amor se ha ido y no ha de volver.
Corazón sincero, no ocultes tu llanto,
porque ahora lo entiendes: diste lo mejor,
pero el amor pasa y jamás regresa,
pasa como un ave buscando otro hogar.
Por eso hoy te pido, viejo corazón,
que cuentes al mundo que has sido feliz,
que quien todo entrega por otra persona
al fin ha sabido amar de verdad.

Hoy, cuando la tarde nos trae su paz,
nos busca esa brisa que invita a soñar,
te invito a gritarle a la orilla del mar
que tú la perdonas, aunque ya no está.
Y busca conmigo de nuevo un lugar
donde ambos podamos vivir otra vez,
donde nuestros sueños podamos lograr,
donde, a fin de cuentas, tú puedas llorar.
Busquemos unidos, viejo corazón,
que el amor existe cuando hay voluntad,
que has comprendido que si alguien se va,
quizás en su vuelo, busque quien amar.

No perdamos tiempo llorando el pasado,
buscando consuelo donde ya no está.
Hoy te propongo volver al camino,
vivir nuestra vida, buscar a quien amar.
Porque nuestro sueño se logra al andar,
se vuelve de pronto nueva realidad,
porque los dos juntos podremos hallar
que un amor sincero te abrace al llegar.

AMOR DE UNA NOCHE

Hoy siento que la vida se aleja más de mí
y agranda más la herida que sufre el corazón.
Hoy miro desde lejos sin poder comprender,
pues oigo de tus labios que todo terminó.
Y al ver en la distancia tu barca, que al partir
me niega que te siga, que vaya tras de ti,
«adiós» es la palabra que intento comprender,
adiós, amor de un día, jamás te olvidaré.
«Amor» es la palabra que hoy grita el corazón,
y aunque fue amor de un día, yo siento que es verdad;
por eso no comprendo cuando te vi llorar
diciéndome al oído «no te podré olvidar».
Tal vez lo permitimos, tal vez yo lo busqué,
consciente de que en mi vida jamás habrá un después.
Hoy supe que tu vida le pertenece a él.
Luché por retenerte, por darte el corazón,
y si fue amor de un día lo que ofreciste dar,
lo que viví contigo ha sido mi verdad,
y miro desde el puerto cuando intento besar
a quien se va muy lejos, en brazos de otro amor.
Fue triste despedida cuando el amanecer
se llevó aquellos sueños que no pudieron ser.
Amor, me pregunto viéndote alejar
si tal vez un día yo te vuelva a ver

Por eso, en las mañanas al mar voy a esperar
que regrese tu barca, que vuelvas a buscar
aquel amor de un día que me supiste dar,
aquel que no te olvida, porque enseñaste a amar.

NUESTRO ROMANCE

Yo no sé qué me pasa si te miro,
que sonrojas hasta el alma que me anima,
que si es noche lo conviertes en el día,
que por ti, tú bien lo sabes, moriría.

No hubo tiempo para hacer más conjeturas,
pues mi pasión tú la encendiste con tus labios
y fue en tus brazos que viajamos a ese mundo
donde no existe nada más que nuestro amor.

Yo adivino tu figura en nuestra casa
cuando me esperas para darme tu calor;
por eso, hoy, al regresar a nuestra cama,
yo te prometo entregarte el corazón.

Al fin comprendo que me quieres de verdad,
que no me mientes cuando hacemos el amor,
pues hoy por fin oigo gritar tu corazón
que aquel amor que yo soñé lo tengo en ti.

El espejo de mi vida

En este tiempo, que mis fuerzas me abandonan,
cuando yo añoro el tibio sol del mediodía,
cuando al mirarme en el espejo me confirma
que lo que extraño de verdad es tu alegría.

En este hogar, que alguna vez hubo armonía
al ver la vida que bullía a cada paso,
con un alegre despertar yo me dormía
tras de una noche de pasión entre los dos.

Y aquel bullicio que brotaba en las mañanas
con nuestros niños que a la escuela llevaría,
mientras gozaba del café que me servías
yo disfrutaba el dulce sueño del amor.

Yo poco a poco te observaba envejeciendo,
pero en mi mente el corazón no me mentía,
cuando afirmaba que serías para siempre
la tierna imagen y el perfume del amor.

Nos fuimos lejos de la mano por la vida
y cuando al verte en el espejo me mirabas,
fue tu sonrisa la que siempre acompañaba
esta vejez que iba llegando cada día.

La vida trajo desengaños y tristeza,
y al darme cuenta que lloraba y no reía
al intentar ver tu sonrisa en el espejo,
supe por fin que había perdido mi alegría.

Temí volver a confrontarme en el espejo,
porque a mi lado solo vi mi soledad;
temí perder en una noche la cordura
cuando al llamarte un cruel silencio contestó.

Busqué recuerdos de la vida que pasamos,
busqué tus fotos que mostraban tu alegría
y al fin perdí por un momento la esperanza
de que, por fin, hallara paz mi corazón.

Cómo podré seguir el resto de mi vida
si cuando intento que el espejo me responda
son solo lágrimas de pena las que vuelven
a cada paso que recuerdo nuestro amor.

Así es la suerte que me muestra mi destino,
es el vacío de quien ha amado de verdad,
es soledad en adelante lo que vivo,
aunque esta noche te prometo recordar.

Que nos juramos nuestro amor hasta la muerte,
que nos besamos ante Dios en el altar,
que cada día de la mano comenzamos
a construir lo que llamamos nuestro hogar.

Y fuimos juntos por la vida sin privarnos
de disfrutar la dulce miel de nuestro amor,
que nuestros hijos son el fruto de una noche,
que nuestros cuerpos se entregaron al amor.

Hoy yo decido al acercarse mi destino
reunir a todos y contarles mi verdad.
Hoy, que el espejo de la vida me revela
que, sin tu amor, lo que tenía lo perdí.

Así es mi vida y al final he comprendido
que fue el destino lo que un día nos unió,
que tanto amor nos profesamos en la cama
como pasión lo que ofrecimos al amor.

Que aquel amor que nos tuvimos fue verdad,
que nunca más en esta vida olvidaré
que si es tristeza lo que encuentre en mi camino,
con tu recuerdo al fin de cuentas partirá.

Hoy el espejo de la vida me ha enseñado
que mis arrugas son recuerdos compartidos
de aquel amor que nos unió toda una vida
y que jamás olvidará mi corazón.

LA ESPERA

Hoy saludas cuando partes de mi vida,
frío abrazo, luego un beso… y el adiós;
no hay palabras que consuelen a mi alma,
ya no hay lágrimas que calmen mi dolor.

Si es verdad lo que he soñado por las noches,
si el silencio y el recuerdo nos trae paz,
si el amor nunca se olvida, si es sincero,
algún día, si regresas, lo sabrás.

He esperado tu regreso tanto tiempo,
mas no existe quien consuele mi dolor,
pues vivimos nuestro amor intensamente
y aún no sé si es tu destino regresar.

He tratado de luchar contra la suerte,
cruel destino que me ha impuesto, soledad,
y al tratar de perdonarte, me doy cuenta
de que lo amado no se olvida nunca más.

Pues si es gran pena lo que hoy vive conmigo,
yo te aseguro que jamás podré olvidar
a quien he amado a pesar del abandono,
a quien por siempre vivirá en mi corazón.

Cómo sufre quien ha amado si no olvida,
cómo puede el corazón hallar la paz,
si yo sufro cada día que te alejas
cuando llego a nuestra casa y no estás.

Si el amor llegó a mi vida con tus besos,
si esperanza e ilusiones compartí,
si los sueños que tuvimos se esfumaron,
sólo quiero que en tu vida seas feliz.

En silencio pido a Dios que no me olvides,
pues te he amado hasta darte el corazón,
mas si sientes la nostalgia del pasado,
si una noche mi recuerdo te consuela,

no te olvides que dejaste en nuestra casa
quien un día te ha entregado el corazón.

SUEÑO DE AMOR

Has llegado a la casa cuando ya estoy dormida,
con el sueño más bello de pasión junto a ti.
Pero, ingrato, te olvidas que al besarme dormida,
el perfume que llevas tiene olor a otro hogar.
Hoy repites la historia, y otra vez me has pedido
que si te amo de veras, busque hallar el perdón;
cómo no perdonarte si llorando me cuentas
que fue solo un instante, y al final se olvidó.
Y al buscar mil excusas, yo le oculto a mi mente
que jamás he olvidado, aunque te perdoné,
al pedir que cumplieras con aquel juramento
de luchar por un sueño, yo olvidé mi rencor.

Pero llegas a casa y al besarme he sabido
que otra vez has mentido a mi fiel corazón,
y comprendo esta noche lo que mi alma me pide:
que no pierda mi sueño de vivir en amor.
Así juegas tu juego, así vives tu vida,
apostando a la suerte, sin amar de verdad.
Así, al fin, has logrado que retorne esta pena
y que olvide que un día te entregué el corazón.

Así paso esta noche, del amor al olvido,
de soñar con tus besos a sufrir cruel dolor,
a entender que olvidaste lo que me has prometido
sin pensar que en mi vida el perdón es amor.

Hoy me pides que olvide tu traición del pasado
cuando insistes en ser otro ciego al amor,
porque no has valorado que al final yo he sufrido,
que ya nada me queda de mi sueño de ayer.
Sin embargo, has querido repetir ese juego
que una vez me dijiste que sería el final.
Tú no buscas cariño, no conoces la entrega;
sólo vives al día sin amar de verdad.
No has sabido ganarte el perdón que pedías,
no comprendes mi sueño ni valoras mi amor;
para ti es sólo un juego y tu entrega es fingida,
así vives la vida, sin saber qué es amar.
Hoy ya tengo bastante de dolor y mentiras;
lloraré por mi pena, pero ha sido el final.
No conservo en mi alma un rencor a quien fuiste,
sólo has sido esta noche mi mayor decepción.
Y no pienses que obtengo mi experiencia de vida,
sólo tuve promesas que hoy se vuelven dolor.
Hoy decido marcharme de mi casa y tu vida,
y devuelvo en tus manos tu promesa de amor.

Y, al partir, sólo espero que comprendas un día
que se lucha en la vida por quien da el corazón,
que vivimos un sueño que esta noche termina
y que entiendas un día... que has perdido el amor.

LOCURA

Si amar es el remedio que vuelve loco al cuerdo,
yo al fin he descubierto que fui un loco de amor;
si todo fue en mi vida la búsqueda de un sueño,
yo supe ser el dueño y esclavo de tu amor.

Por eso, te convoco en esta Nochebuena,
porque hoy es la costumbre reunirse en el amor;
yo tuve sólo un día lo que soñé despierto,
las mieles de tu cuerpo y el fruto de tu amor.

Bendita la locura de un tierno pensamiento,
bendita es esa llama que vuelve loco al cuerdo,
y ya no hay carcelero que encierre su alma pura;
tan solo le prescriben vivir en soledad.

Yo tuve esa locura al conocer tu cuerpo,
disfruté de tus besos como de dulce miel,
y, entonces, lo he sabido: qué triste es el recuerdo
del día que dijiste «me voy tras otro amor».

Hoy sufro esta locura, me agobia este tormento
de sentir que esta noche festejaré también
lo mucho que he vivido viviendo del recuerdo,
lo poco que ha durado la historia de este amor.

Te tuve entre mis brazos, juraste que eras mía
cuando más te adoraba, tú me dijiste adiós,
quizás yo te abrumaba pidiéndote cariño,
porque mi alma de niño ansiaba tu calor.

Hoy vuelvo a estar enfermo. Mi corazón te pide
que olvides lo pasado, que no guardo rencor,
que en esta Nochebuena regreses a mi casa,
que cures la locura de vivir sin tu amor.

Y es cierto lo que dice aquel que todo pierde,
que el tiempo que ha pasado jamás ha de volver,
pero los sentimientos, aquello que he vivido,
lo guardo en mis recuerdos, aquí, en mi corazón.

Cuando pasen los años, cuando vuelva el invierno,
tal vez pienses un día en quién dejaste atrás;
si sufres de nostalgia por el amor de un día,
que sepas que locura es vivir sin amar.

Por eso te deseo en esta Nochebuena
que encuentres el remedio a tanta soledad;
sabrás que aquí en mi casa te espera quien te quiere,
aquel que aún te espera, que no logra olvidar.

Y si no vuelves nunca, si a otro ser tú quieres,
sabrás, pasado el tiempo, que nunca te olvidé,
que en unas Navidades alguien murió de pena,
porque sufrió la angustia de no hallar el amor.

Y cuando pase el tiempo y extrañes lo perdido,
recordarás que un hombre, en otra Nochebuena,
soñando tu regreso, repitiendo tu nombre,
recayó en la locura y un día se marchó.

Se despidió del mundo que ya no comprendía,
se despidió de un ángel que lo llenó de amor
y le dejó esta esquela, llorando sin consuelo:
«Recuerda que hubo un loco que se murió de amor».

CUANDO EL AMOR SE ACABA

Hoy me despierta el día con bellos resplandores
que anuncian otros sueños que habremos de cumplir,
pues mi vida ha cambiado desde que lo he sabido,
que el sueño que he tenido se ha hecho carne en ti
Pero hoy no es lo mismo, hay algo que me impide
gozar de tus caricias, fundirme con tu piel;
sentí de pronto un miedo que quizás presentía
al no encontrar el cuerpo que me ama con pasión.

Cual frío del invierno se congeló este día
el fuego en tu mirada y el calor de tu voz,
y fue al besar tus labios, tratar de hacerte mía,
que supe de pronto que tu amor me dejó.
Sentí que algo en mi alma se rompía,
pues te diste la vuelta para no responder.
Así, tan de repente, en ese hermoso día
se terminó mi sueño al comprender al fin
que nada es para siempre, que nadie me asegura
que el ser al que yo amaba me siga siendo fiel,
y, falto de palabras, me aferré a tu cuerpo
que, sin hablar, decía «lo nuestro terminó».

Tampoco le he buscado excusas a tu abrazo,
por eso te agradezco que no inventes por qué
el sueño que vivimos, el mundo que creamos,
lo que viví una noche en otra terminó.

Pero comprendo ahora que si al final te he amado,
si de verdad te quiero, acepte que perdí,
aunque destroces mi alma, aunque implorar quisiera
que si el amor se acaba, conserve tu amistad.
Por eso, hasta la cama te traigo el desayuno,
cumplo con la rutina, sin entender por qué,
y sufro lo que nunca pensé que sucediera,
porque mi alma me pide que te deje partir.

No quiero despedidas, mi corazón lo impide,
pues hoy ha decidido marcharse junto a ti;
por eso te respondo cuando, llorando, explicas
que nunca lo has buscado, mas tienes que partir.

No llores si me dejas, oculta bien tu pena,
que de hoy en adelante tú seas muy feliz,
y aquí queda tu amante, hermosa compañera,
jurando entre sollozos «jamás te olvidaré».
Y si piensas un día en todo lo pasado,
si escuchas dentro tuyo llorar mi corazón,
recuerda que al besarme me diste la fortuna
de encontrar en mi vida el verdadero amor.

RECORDANDO MI VIDA

Al soñar mi pasado
esta noche de enero,
por buscar quien me quiera,
quien me brinde su amor,
hoy devuelvo a mi mente
a ese tiempo perdido,
cuando fui tras de un sueño
que jamás conseguí.

Por vivir mi aventura,
fui detrás de tu estela,
sin saber que mentías
cuando hablabas de amor,
y hoy, que voy por la vida
mendigando cariño,
tu recuerdo hace daño,
pues te amé de verdad.

No podré ser el mismo
que al amor sonreía,
no podré ser el dueño
de tus labios en flor.
Pero vuelve a mi mente
tu recuerdo querido,
porque siempre te he amado,
aunque no pudo ser.

En las noches de enero,
cuando extraño en mi casa
el calor de tu cuerpo
y el perfume en tu piel,
al saber que está cerca
el final de mi vida,
si mi amor has burlado,
no te quiero olvidar.

Yo no guardo rencores,
no maldigo a tu suerte;
yo agradezco en la vida
conocer el amor.
Y si un día presientes
que tu vida has perdido
por correr tras de un sueño
que no se hizo verdad,
ten presente ese día
que tu mente te pida
que recuerdes soñando
si encontraste el amor.
Pensarás que olvidaste
lo importante en la vida,
que quizás no has logrado
ser feliz al final.

Cuando el mundo se acabe,
cuando todos te olviden,
cuando el miedo te venza
sin hallar compañía,
cuando llegue el momento
que no falta en la vida,
que preguntas al alma
si el amor es verdad,
Tú sabrás que has ganado,
que dejaste tu huella,
que no todo has perdido,
pues conservas mi amor.

CUANDO ACECHA EL OLVIDO

Hoy dos penas acechan mi alma,
que, si vencen, pierdo la razón:
la primera es mirar que te alejas;
la segunda, olvidarme de ti.

A medida que pasan los años
descubrimos recién al olvido,
quien invita a la gente ya anciana
a borrar lo que el alma guardó.

Nada queda si triunfa el olvido,
más que un triste pasaje en la tierra;
ya no existen relatos del tiempo,
de un pasado que al fin se esfumó.
Yo también he sentido el llamado
de ese cruel compañero de viaje
que una vez lo llamamos «destino»
y que invita a perder la razón.
Hoy, que el tiempo transcurre distinto,
pues no deja señal en mi vida,
aún lucho por ser quien un día
prometió no olvidar nuestro amor.

Hoy presiento que algo me obliga
a parar un momento mi viaje,
porque siento que ya estoy muy viejo
y el olvido me intenta alcanzar.

Porque intenta borrar lo que he sido,
que se pierda lo que he atesorado,
que me cubra de un manto el olvido
y perder todo aquello que amé.
Que no exista ilusión en mi vida,
que jamás yo comparta mi viaje,
que no tenga objetivo mi vida,
que se pierda por fin mi pasado.
Que se apague la llama en mi alma,
sin pasado, perdiendo aquel tiempo
que en la vida los dos compartimos
que el camino lo hicimos los dos.

Triste pena de aquel que ha olvidado
su pasado, su vida, su amor,
para ser un fantasma en el mundo
y vivir sin saber ni quién fue.
Es quizás mi peor pesadilla
que amenaza mi vida de anciano
a este amor que juramos eterno
si yo pierdo al final la razón.

Qué nos queda si triunfa el olvido,
si olvidamos al fin el amor;
sólo un triste presente sin huella
de una vida que al fin se perdió.

Hoy mi lucha, aunque soy un anciano,
no termina, comienza otra vez,
por guardar para siempre recuerdos
que disfruto en nuestra vejez.
Son momentos, instantes de vida,
sentimientos que vuelvo a vivir,
los que fuimos guardando en el tiempo,
los que anidan en mi corazón.
Hoy, mi amada, comprendes mi lucha
por no dar mi pasado al olvido,
recordar lo que he sido en la vida
y soñar que aún perdura el amor.
No es un sueño que hoy he tenido,
es tal vez mi mayor desafío,
pues mi lucha es contra mí mismo,
porque lucho para no olvidar.

Recordar el amor que vivimos,
ser feliz con lo que hemos logrado,
es vivir en la vida este sueño
que una noche tuvimos los dos.
Es saber que has llegado a mi vida
cual lucero que al fin me ilumina,
y ese tiempo que juntos vivimos
tu recuerdo no olvido jamás.

Es verdad que la vida es un viaje
que tomamos sin ver el final,
pues también yo tomé aquella barca

sin saber en qué puerto atracar.
Así fue nuestra vida, un camino
que al final compartimos los dos,
y hoy, que acerco mi barca a ese puerto,
yo decido luchar hasta el fin.
Cuando el tiempo me anuncia el final
de esta vida feliz a tu lado,
cuando acecha a mi mente el olvido,
tu presencia me viene a pedir
Que recuerde lo que hemos vivido,
que no ceda mi alma al olvido
y que lleve en el último viaje
tu recuerdo de amor… hasta el fin.

LOCURA DE AMOR

Despiértame, luna, que sigo dormida
desde que una tarde supe que partió;
lo busqué sin pausa por esos rincones
donde los amantes se ocultan del sol,
donde nadie sabe que guardé el tesoro
de sus ojos moros que sueño con ver,
pero al no encontrarlo perdí la cordura
vivo en la locura desde que se fue.

No tengo el consuelo que brinda su abrazo,
no tengo sus besos que saben a miel,
y aún no comprendo por qué se ha marchado,
si Dios ha querido que pierda su amor.

Y al fin, una tarde, de angustia y de pena,
sentada en mi puerta alguien me llamó;
creí que buscaba quien perdió su amado,
pero me llevaron sin saber por qué.
Quizás me encerraron por gritar tu nombre,
por llorar en vano, por pedirle a Dios
que vuelvas un día, que se haga un milagro
y puedan tus labios besarme otra vez.

Así me han quitado recuerdos tan gratos,
encierran mi cuerpo barrotes sin sol,
pero estas paredes no cambian lo que amo,
porque espero el día que regresarás.

Hoy pasan los años y aumenta mi pena;
ya no me consuelan amables doctores,
ni sabios, ni amigos, buscando lograr
que acepte el destino, que no volverás.

Que al fin me convenza que el amor eterno,
aquel que no olvida ni miente jamás,
tan solo un momento estuvo a mi lado
y que se ha marchado allende la mar.

Por eso no duermo, porque esta gran pena
que sufro en el alma desde que se fue
no puede aliviarla una cárcel terrena,
ni puede curarla ningún hospital.

Y hoy quiero contarte un secreto de amantes,
que siento en el pecho roto el corazón,
porque hoy se condena al amor sincero
por ser quien te espera, como prometió.

Hoy, sola en mi celda, le cuento a la luna,
que ha sido testigo de nuestra pasión,
que si yo estoy loca por vivir mi sueño,
acepto esta cárcel como bendición.

Tal vez no comprenden que amar en la vida,
que entregarlo todo se vuelve obsesión,
que espero despierta que vuelva a buscarme
y al fin lo comprendan... que espero al amor.

CONFESIÓN

De todo he probado,
de nada me he hartado:
ni al robar tus besos,
ni estando a tu lado.

De ti he aprendido, tras muchos inviernos,
que vale la pena jugarse al amor,
que amor y pasión, amante y amiga
se encuentra en la vida tan solo una vez.

Así lo he soñado y a Dios le he pedido
en noches de luna hacerlo verdad.
Así, con tus besos buscando mi cuerpo,
fui compartiendo deseo y pasión.

Hoy puedo contarlo porque lo he vivido,
porque soy el dueño de tu corazón;
por eso, esta noche, que estás a mi lado,
busco entre tus labios calmar mi temor.

Porque, sin saberlo, nos pasan los años;
el tiempo no espera, es cruel con los dos,
y un día comprendes que te has vuelto viejo,
que, sin darte cuenta, el tiempo pasó.

Pasó en nuestra frente al mostrar las huellas
que tantos inviernos dejaron en mí;
pasaron los hijos que un día se fueron,
pero nunca pasa en mi corazón.

Por eso hoy te abrazo más fuerte que nunca
y busco con ansia besarte otra vez,
busco aquel perfume que sentí una noche
cuando tú me amabas… yo nunca olvidé.

Y al llegar la noche mirando mis ojos,
llegaste muy dentro de mi corazón;
bastó con un beso que diste a mis labios,
bastó tu mirada y al fin… confesé.

Que siento esta angustia al pasar la vida
que siente el amante, pues teme perder
aquello que lleva dentro de su pecho
cuando, a fin de cuentas, tenga que marchar.

Que al fin convertiste mi vida en un viaje,
que lo he disfrutado como de tu amor,
y aunque muera el cuerpo que hoy duerme contigo,
mi alma ya es tuya, como prometí.

Amor compartido, nunca te olvidé

Hoy cuando el correo que tanto he esperado
me acerca esa carta que siempre añoré
mi pecho me dice que no desespere
que al fin ha llegado quien me brinde fe
Y temo a lo incierto de aquella misiva
que trae recuerdos que nunca olvidé
la postal la escribe ese niño que estuvo
correteando en casa hasta que partió

Cuando tú te fuiste de nuestro refugio
 quiso el cruel destino castigar mi piel
dejarme muy solo porque yo he perdido
al hijo que amaba, y a tu amor también

Así me he quedado muy solo y enfermo
cuando por las noches extraño el amor
que una vez tuvimos antes que partieras
antes que te fueras sin decirme adiós

Tristes son las noches de este frío invierno
que aumenta el tormento la cruel soledad
sueño con tus besos, añoro tu cuerpo
y al salir la luna, me pongo a llorar

Hoy siento en mi cuerpo el llamado del tiempo
el paso de un sueño que ya terminó
el dolor del alma porque estoy enfermo
y este cruel tormento es del corazón
Porque he dado todo por aquellos sueños
que juntos tuvimos, que hicimos verdad
por esa familia que al fin conformamos
por aquel muchacho que un día partió

Pasaron tormentas, arrecia el invierno
ulula ese viento que intenta callar
mi rezo en las noches, mi llanto sin tiempo
por esa nostalgia que invade mi hogar

Hoy miro esta carta que llega a mi puerta
y pienso en el niño que un día partió
pues alguien ha escrito, temblando su pluma
con letra muy grande, ha puesto... PAPÁ

Cómo duele a veces volver al pasado
a aquellos recuerdos que nunca olvidé
recuerdo a ese niño buscando tu abrazo
como ese regalo que Dios nos brindó

No sé cuántas noches llorando he llamado
a quien me consuele, me lleve hasta ti
porque he comprendido que triste es la vida
sin esa alegría cuando te perdí

Por haber querido amar en la vida
llevo tu recuerdo prendido a mi piel
por haber logrado formar la familia
que juntos buscamos fundada en amor
Por haberte amado fui feliz un día
por nuestro retoño luché sin cesar
pero se alejaron una noche eterna
él con su equipaje, tú sin despedir

Y busco en domingo poner unas flores
junto a tu retrato, donde te dejé
busco hablar contigo aunque no me escuches
porque de tu alma, jamás me olvidé

Hoy llega esta carta que anuncia visita
del hijo que un día dejó nuestro hogar
que vuelve a la casa para estar conmigo
para acompañarme hasta mi final

Cuando lo reciba le diré que es hora
de llevarte flores, para honrarte a ti
y enseñarle al joven que estuvo en tus brazos
que el amor no muere... que ha vuelto con el

Cuando el paso del tiempo...

Hoy me has despertado besando mis labios,
porque me recuerdas el día especial
cuando se festejan nuestros treinta años,
cuando mi regalo te hace suspirar.

Oh, mujer amada, qué feliz despiertas
ajena al momento que vives después;
me abrazas muy fuerte, porque, ilusionada,
pides el regalo que ya te entregué.

Y al mirar tus ojos que tanto han llorado,
pues has confundido lo que ayer pasó,
distraigo mi alma con tantos recuerdos
de tiempos pasados que nunca olvidé.

Quizás tú lo sabes, que ya no es lo mismo;
tal vez adivinas que el tiempo es muy cruel,
porque del pasado todo has olvidado,
porque no recuerdas qué fue del amor.

Se ha perdido todo recuerdo vivido,
tu mente no entiende lo que ayer vivió,
pero no has borrado el bello recuerdo
del beso que un día dejaste en mi piel.

Y lloras amada, cuando te das cuenta
que ya no hay pasado, que se te olvidó;
temes que el presente no guarde tu mente,
temes que hoy olvides quien siempre te amó.

Te asalta el olvido del tiempo pasado,
de todo lo amado menos de mi amor;
por eso hoy lloro estando a tu lado,
porque nada ha muerto, todo vive en mí.

Al fin ha llegado a tu vida el momento
confundiendo el tiempo que viviste ayer
y sufres callada temblando en silencio,
porque lo que temes es perder la fe.

Aquí estoy contigo para consolarte,
recordando sueños que hicimos verdad,
diciendo al oído de quien me ha querido
que cuente conmigo, que aquí yo estaré.

Hoy estás llorando. Tomando mi mano,
preguntas temblando si yo te olvidé,
si llegó el momento que mucho has temido,
que tu mente olvide qué fue del amor.

Yo te he acompañado en toda tu vida,
por eso te abrazo con tierna pasión,
pues es tu consuelo saber que en la vida
lo que más importa es vivir el hoy.

Pues nunca olvidaste por quién has llorado,
no te has olvidado de quien te prometió
amarte por siempre, estar a tu lado
cuando necesites recibir amor.

Y cuento a tu oído lo que has preguntado,
que hoy es el festejo, treinta años de amor;
por eso te entrego besando tus manos
el mismo regalo que ayer te entregué.

Y somos felices, pues hoy festejamos
que el tiempo no pudo borrar nuestro amor,
y así repetimos la hermosa rutina
de ver que la vida comienza otra vez.

RENCOR

Rencor, por qué vienes cuando estoy dormida
como cruel ladrón que oculta su andar;
aumentas mi pena, convocas tormentos
cuando entre mis sueños intento olvidar.

Porque sola en casa yo siento su ausencia,
y aunque no se encuentra, siento su calor;
por eso lo llamo llorando entre sueños,
para que comprenda que no lo olvidé.

Ya lo he comprendido, aunque mucho cueste,
aunque inmensa pena traspase mi piel,
que al fin me condena a noches en vela
saber que ha partido buscando otro amor.

Cuando por las noches visito su sueño,
junto a su recuerdo revivo el placer,
mas siento nostalgia porque lo he perdido,
tan solo hay vacío en mi corazón.

Mas noto entre sombras que algo ha surgido,
un sordo lamento, perfidia y rencor,
porque no he buscado envidiar su suerte,
porque solo quiero que al fin sea feliz.

Me acecha en la noche un cruel enemigo
que, como un amigo, visita mi hogar,
me ofrece consuelo, me invita al olvido
y ese nuevo amigo se llama rencor.

¿Por qué hoy me incitas a borrar su rostro,
a olvidar que un día le entregué mi amor,
a olvidar su nombre si aún es mi amigo,
si estoy confundida por lo que pasó?

Hoy tengo tristeza por lo que he perdido;
se fue mi alegría desde que se fue,
pero, aunque lo pidas, no existe en mi alma
quien torne nostalgia en necio rencor.

Rencor, no preguntes si acepto el vacío,
si al fin de mi vida le quiero olvidar;
no borres su imagen que guardo en el alma,
no quieras que olvide que un día me amó.

Fuimos dos amantes buscando un camino,
fue nuestro destino de senda cambiar,
pero aún nos queda lo que hemos vivido
y a esos recuerdos no quiero olvidar.

Pues nunca has amado si todo lo olvidas,
si la indiferencia te viene a buscar;
hoy, aunque esté sola, comprendo el motivo
que busca su alma cuando se marchó.

Por eso lo llamo, porque aún lo quiero
y sólo deseo que al fin sea feliz,
porque decidimos tomar un camino
y hoy es su destino hallar otro amor.

Rencor, no comprendes cuán grande es mi pena
al ver que me invitas de nuevo a olvidar;
no cambio el pasado, tampoco reniego
y hoy yo sólo quiero recordar su amor.

No olvido ni culpo porque una alma pura
creyó en su promesa de amor de verdad;
sé que lo ha intentado y al fin no ha podido
cumplir su promesa: vivir en mi hogar.

Amarnos ha sido la gran aventura
que juntos un día buscamos lograr;
terminó esa noche que partió de casa,
que pasado el tiempo sabré perdonar.

Rencor, ya no vuelvas a nublar mi mente,
no intentes de nuevo cambiar lo que soy;
si he sido su amante y hoy soy su amiga,
aunque no lo olvide, ya le perdoné.

CUANDO ME HAYA IDO...

Cuando pase el tiempo y yo me haya ido
a volar al mundo donde no se vuelve,
tal vez tú conozcas a tantos amigos
que un día te brinden cariño y consuelo.

Cuando pase el tiempo que viví contigo
y llames en vano a aquel que has querido,
tal vez sientas miedo de lo que te espera,
pero nunca olvides que vivo contigo.

Cuando llegue el frío que afuera congela
y busques mi abrigo como antes lo hacías,
sabrás que esta pena que aqueja tu alma
sólo la conoce quien mucho ha querido.

Llevarás tus flores como un homenaje,
dejarás tu llanto por quien más te ha amado,
y al volver a casa, que fue nuestro nido,
al recordar todo, sabrás que has vivido.

Que tuviste sueños que ambos compartimos,
que todo lo has dado por mi amor sincero,
que nunca se olvida a quien se ha querido,
que ese es el consuelo de tu amarga pena.

Sabrás que fue cierto lo que prometimos
una noche fría, cuando nos amamos,
que tú no me olvides, que viva contigo
porque tras la muerte, el alma no olvida.

Y recuerda el día que mi alma rendida
te contó al oído mi mayor anhelo:
que yo te prometo quedarme contigo,
aunque desde el cielo me llamen primero.

Le pido al eterno que acune tu sueño,
que guarde tu vida, que te dé consuelo,
que no desesperes cuando me haya ido,
porque he prometido estar a tu lado.

Porque no hay distancia
cuando se ha querido;
solo hay un destino… y el mío es contigo.

Cuando me haya ido, tú jamás olvides,
si emprendes el vuelo, si dejas el nido,
que atrás has dejado lo que has construido
y que yo te espero… como he prometido.

VOLVER

Te despiertas y no está.
Has perdido el corazón
y comprendes que se fue
cuando ayer partió tu amor.
Y no es sueño, es realidad,
es angustia de ese amor
que te supo comprender
con quien fuiste tan feliz.
Hoy intentas explicar
por qué no fuiste con él
a luchar fuera de aquí,
a buscar otro lugar.

Te contó que iría a buscar más allá del ancho mar
esa tierra que a los dos os brindara un nuevo hogar;
marchó tras de una ilusión para lograr por los dos
ese sueño que una vez lo planearon realizar.

Así se fue el emigrante a recorrer su camino,
a luchar por un destino con sus manos nada más,
y te has quedado soñando con el amor que ha partido,
porque sientes el vacío que dejó en tu corazón.
Así pasaron los años sin consuelo de tu pena,
sin saber si alguna noche volverá tu corazón,
si después de amarlo tanto, aún lo esperas en la vida;
sólo esperas que comprenda que su amor no se olvidó.

Si al despertar la mañana todo recuerda a tu amor,
sabrás que en tierras lejanas alguien te sueña también,
que extraña más tus caricias, que recuerda tu alegría,
que sus ojos no han mentido cuando prometió volver.
Y hoy recibes una carta que tus manos temblorosas
hace tiempo, tantos años, la esperan con ansiedad,
donde responde tu amado con su corazón herido
que tu amor lleva consigo, que no te puede olvidar.

Que pone a Dios por testigo,
que, por fin, ha comprendido
que no existe la distancia
cuando se ama de verdad.

Que pronto te vendrá a buscar
como siempre ha prometido,
para abrazarte en las noches,
para amarte como ayer.
Que pronto está su equipaje
para viajar a tu lado,
porque un hogar ha formado
para llevarte con él.

Porque es triste la partida de quien se llama emigrante
y más grande es el dolor de quien espera el regreso,
porque angustia es lo que siente quien va en busca del destino,
y esperanza el alimento de quien le debe esperar.

Hoy anuncia su regreso, pues su meta se ha cumplido,
aquel que partió una noche dejando su corazón
a llevarte a un nuevo mundo donde todo está dispuesto,
donde consiguió su sueño en esa tierra extranjera.

Y sabrás que, a fin de cuentas, el dolor ya has olvidado,
que sus sueños ha logrado y su amor era verdad,
que compartirás su casa, tu alegría y su trabajo
con ese fiel compañero que no te olvidó jamás.

Y serás otra emigrante que lucharás más batallas,
lucharás por la familia, tu trabajo y el futuro,
y al dejar cuando te marches tu sangre por otras tierras,
serás al fin el ejemplo que tus hijos seguirán.

QUIMERA

Me despierto otra noche llorando
en mi triste existencia vacía
por pasar largas noches soñando
con aquel dulce amor que partió.
Y aunque son muchos crueles inviernos,
no me olvido que yo te hice mía
cuando siento el placer en mis sueños
de tu cuerpo buscando mi amor.
Me pediste que no te olvidara
y aún sigo fiel a esa mentira,
pues jugabas con mis sentimientos
mientras yo te juraba mi amor.
No he debido creer en quimeras
que tu cuerpo a mi amor ofrecías,
no he debido creer tus mentiras
ni entregar para siempre mi amor.

Y otra vez comenzaste tu juego,
que practicas con tanta maestría;
te burlaste de mis sentimientos
mientras yo te entregué lo que soy.
No comprendo qué sacas con ello
cuando infliges al alma dolor;
aún no entiendo por qué le has mentido
a quien sólo te dio el corazón.

Hoy confieso que llevo en el alma
un dolor que no tiene consuelo,
porque sólo una vez en mi vida
he podido entregarme al amor.
Pero ignoras que el tiempo nos llega
al igual que nos llega el hastío,
que olvidamos que al fin estar solo
es quizás lo que fuiste a buscar.
Ya conozco el dolor de estar solo,
de perder lo que siempre he querido,
pero engaño tal vez a mi alma
cuando sueño con quien no me amó.
Y comprendo que hoy tengas pena;
soledad es lo que has conseguido,
pues al fin de esa larga mentira
no has logrado encontrar el amor.
Tú has seguido contando una historia,
que no has sido feliz en tu vida,
pero olvidas que me has condenado
a olvidarme de mi corazón.
Yo jamás he podido olvidarte,
aunque mi alma hace tiempo está herida
por creer en aquella mentira:
que jamás dejarás de ser mía.
Por quererte en la vida he pagado
con tristeza esa dulce quimera
con el llanto que envuelve mis noches
al saber que tu amor no existió.

Has vivido tentando la suerte,
continuaste burlando al destino;
ojalá que algún día comprendas
lo que hiciste con mi corazón.

Sólo espero que un día tú encuentres
al amor que arrebate tu vida,
que conozcas cuál es tu destino,
que conviertas mentira en verdad.
Yo seré un soñador y en las noches
viviré recordando tus labios,
y al sentir soledad en mi alma,
rogaré que tú seas feliz.

Por creer en tus ojos de luna,
por besar esos labios de miel,
no le guardo rencor a tu suerte,
si al final, despertaste mi amor.
Por amarte con toda mi alma,
por creer una vez en tu amor,
hoy te pido que nunca te olvides
que una noche reinó la pasión.

Mientras tanto diré a quien pregunte,
a quien quiera saber de mi suerte,
que una vez solamente en la vida
he podido mi alma entregar.

Ojalá que algún día lo entiendas
y al amor tú por fin te abandones,
que tu tiempo no acabe en quimeras,
que no partas al fin de este mundo...
sin hallar quien merezca tu amor.

AMOR SIN OLVIDO

Hoy te pienso, soledad, como ausencia del amor.
Hoy, el sueño se marchó, dejando el lecho vacío;
siento que algo he perdido, siento que algo ha faltado,
sin explicar esta pena que atraviesa el corazón.

Obligado a compartir con mis sueños y temores,
con perdidas esperanzas mi sufrir por desamor,
siento nostalgia y sin fuerzas, sin ánimo en esta vida,
voy cruzando el camino que trazamos entre dos.

Ahora sufro por tu ausencia lo que tú no te imaginas:
nubes negras han llegado a cubrir mi corazón,
la esperanza de tu amor me dejó sin despedida,
porque descubro que has dado a otro amor tu corazón.

Aunque busque con pasión esos momentos vividos,
cuando los dos compartimos tantas noches de placer,
cuando el mundo era distinto, cuando las noches de luna,
mientras estabas a mi lado, yo fui feliz con tu amor.

La tristeza hoy sustituye a nuestro amor de pareja.
¿Por qué te has ido, buscando otro destino de amor?
¿Por qué trajiste el dolor a esta alma adormecida
cuando no existe la vida si tú me dices adiós?

Hoy el dolor que me oprime, esta soledad que llevo
quizás tenga una salida si tú vuelves otra vez;
por eso espero en mi puerta que tibia luz te ilumine
cuando al pasar de los años vuelvas a buscar mi piel.

No importará si no quieres contarme lo que has pasado,
nunca te haré una pregunta, solo te espera mi amor,
y cuando vuelvas a casa, en la puerta, como siempre,
mi corazón, que aún te espera, pueda escuchar tu canción.

Por eso tengo esperanza de que antes de mi partida
el amor que yo soñé se haga al fin realidad;
por eso aún yo lo espero cada noche y cada día,
nunca pierdo la esperanza de que vuelvas otra vez.

Porque el amor no conoce de rencores ni reproches,
porque el alma me consuela que al final oiré tu voz.
Así he pasado mi vida, esperando tu regreso;
por eso, por tanto amor, te espero antes de partir.

UNA VEZ…

Una vez solamente en mi vida
tuve un sueño que hice realidad,
y hoy les puedo contar a mis nietos
que ha sido mi vida un canto al amor.

Solamente una vez he encontrado
quien mirara muy dentro de mí,
y al tenerla en mis brazos rendida,
pude al fin conocer la pasión.

Es verdad que una vez en la vida
puede un hombre dar el corazón,
es verdad que su vida y la mía
viven tan unidas ayer como hoy.

Yo lo supe desde el mismo instante
que al darme aquel beso le di el corazón,
desde el día que los dos juramos
buscar este sueño que al fin nos unió.

Una vez en mi vida el destino
me mostró el camino a su corazón
y hoy, anciano, aún conservo el cariño
de quien me ha brindado una vida de amor.

Una vez solamente he logrado decir
«compañera, aún nos une el amor»,
y ese instante de dicha terrena, de amor sin barreras,
hoy yo les confieso, me ha hecho quien soy.

PRIMER AMOR

Me has pedido que olvide
lo que fue una aventura,
aunque mi alma recuerda
que me hiciste feliz.
Fue un verano en la playa
cuando vi tu mirada
que, al fijarse en mi pelo,
me llamó la atención.
Juventud y entusiasmo
y deseo compartido
fue al calor de esa noche
que mi amor te entregué.

Si lo nuestro fue intenso
como el sol del verano,
compartí de tu mano
el sabor del amor.
Y pasión desatamos
sin pedir compromiso,
pues pensé que me amabas
y al final me entregué.

No pensé en el futuro,
disfruté mi presente,
y aunque a nadie he contado,
te entregué el corazón.

Mas llegó a aquella playa
el murmullo del viento,
que a los dos anunciaba
un otoño al amor.

Me dijiste hasta pronto,
te besé con ternura,
pero nunca volviste:
tu entusiasmo pasó.
Y al llegarme tu carta,
donde no hallo consuelo,
me suplicas que olvide
lo que ayer nos unió.

Que fue solo aventura
de ese agosto añorado,
que por ti ya es pasado
y hoy me dices adiós.
No comprendes mi pena,
no mirabas mis ojos
cuando entonces jurabas
no olvidarme jamás.
Y comprendo esta noche,
cuando llega el otoño,
que el amor es un juego
que practicas muy bien.

Y

o no supe entenderlo,
nunca tuve experiencia,
y al pedirme mi cuerpo,
yo te di el corazón
Hoy yo callo mi angustia,
y al mirar esas olas,
ese mar encrespado,
solo pienso en los dos.
Y agradezco en la vida
ser feliz sólo un día,
porque pude entregarme
con amor y pasión.
Así fue mi experiencia,
mi primer pensamiento;
aprendí de la vida
el secreto mayor
Porque fue mi comienzo
y aún recuerdo ese día
que tu audaz aventura
me llegó a enamorar.

Hoy que el tiempo ha pasado
y en la playa te encuentro
sólo quiero decirte
que jamás te olvidé.
Pues si fui esa aventura
que olvidaste al momento,
yo no olvido esa noche
que entregué el corazón.

Sobre el autor

Enrique G. Espínola Suárez (Montevideo, Uruguay) es descendiente de una familia emigrante canaria (Lanzarote) que ha dejado como legado un relevante aporte de muchos de sus miembros tanto en la medicina como en la literatura, la pintura, la docencia y la cultura del Uruguay durante más de cien años.

Obtuvo el título de cirujano plástico, reparador y estético en la Universidad de la República Oriental del Uruguay y el de médico cirujano en España. Durante más de cuarenta años ha ejercido su carrera profesional en ambos continentes, tanto en sanidad pública como privada. Ha escrito y publicado libros de la especialidad, ha sido ponente en múltiples congresos regionales, nacionales e internacionales de cirugía, ha dirigido clínicas médicas y estéticas, ha sido miembro de sociedades médicas tanto de América como de Europa y ha ejercido como docente hasta su retiro.

Paralelamente, ha desarrollado una segunda vocación, la poesía, fruto de la cual han visto la luz más de 570 poemas y cinco libros hasta hoy. Aunque cultiva una amplia variedad de vertientes poéticas (lírica, épica, histórica, costumbrista), donde más destaca es en la poesía romántica. *Embrujo de amor,* sexto poemario de un autor polifacético que escribe de corazón a corazón, contiene una recopilación de cincuenta de sus poesías románticas inéditas, que muestran su evolución y versatilidad y su profundo conocimiento del alma humana. Con acertada pluma y fina sensibilidad, describe situaciones e historias complejas por medio de un lenguaje simple, con rima y un ritmo constante y mantenido siempre su *leit motiv:* el amor y la comprensión en las distintas etapas de la vida.

* 9 7 8 8 4 1 9 5 2 0 8 4 5 *